원의
비밀을
찾아라

2012년 12월 10일 제1판 제1쇄 발행
2023년 9월 25일 개정1판 제1쇄 발행

글쓴이 | 남호영
펴낸이 | 강봉구

펴낸곳 | 도서출판 작은숲
등록번호 | 제406-2013-000081호
주소 | 10892 경기도 파주시 와석순환로 307, 1107-101
전화 | 070-4067-8560
팩스 | 0505-499-8560

홈페이지 | http://www.littleforestpublish.co.kr
이메일 | littlef2010@naver.com

ISBN 979-11-6035-146-0　　　73810

값은 뒤표지에 있습니다.
※이 책은 저작권법에 따라 보호받는 저작물이므로 무단 전재와 무단 복제를 금합니다.
※이 책의 전부 또는 일부를 이용하려면 반드시 저작권자와 '작은숲출판사'의 동의를 받아야 합니다.

스마트폰으로 QR코드를 스캔해 보세요.
작은숲출판사 도서목록이 담긴 온라인 도서목록으로 연결됩니다.

생각하는 수학동화 01

원의 비밀을 찾아라

남호영 글 · 김순영 그림

작은숲

차례

동그란 굴렁쇠	6
소가 만든 원	12
말뚝과 중심	19
안녕! 동그라미	23
네모나라로 끌려간 동그라미	28
완전한 원	34
길 떠나는 동그라미	41
동굴	48
칡덩굴 두 줄기	53
완전한 도형	60

흘러가는 동그라미	66
부채꼴과의 만남	71
호기심부채꼴	77
깃발	83
콕콕, 팔짝팔짝	88
세모의 사랑	93
세모나라의 일주일	99
둔각이 두 개인 세모	103
위대한 세모	110
원주	117
쫓기는 어린 네모	122
수학속으로	126
작가의 말	132

동그란 굴렁쇠

 차창 밖으로 훌쩍 큰 나무들이 휙휙 지나간다. 수담이네 식구들은 시골 큰아버지 댁에 가는 중이다. 여름방학마다 빼먹지 않는 연중행사라 특별한 일은 아니지만 수담이는 벌써 마음이 바빴다.
 '시내와 무얼 하며 놀까?'
 익숙한 풍경의 읍내에 들어서자 해는 뉘엿뉘엿 산을 넘어가고 있었다. 수박 한 덩이를 사 들고 산길로 접어드는데 멀리서 여자아이 하나가 언덕배기를 구르듯 달려 내려왔다. 수담이는 시내라는 것을 금방 알아볼 수 있었다. 수담이가 창문 밖으로 손을 내밀어 흔들었다.

이튿날 아침 일찍 어른들은 일하러 나갈 채비를 하셨다. 모두 챙이 넓은 모자를 쓰고 호미와 양동이를 들었다.

"숙제 다 해 놓고 나가 놀아야 해. 알았지?"

"네."

수담이는 놀고 싶은 마음을 몰라주는 엄마가 야속했다. 그래도 엄마한테 꾸중 듣는 모습을 시내에게 보이고 싶지 않아 얼른 대답했다.

수담이는 수학 공책과 문제집을 꺼내 들고 상 앞에 앉았다.

'오늘은 수학 숙제도 하고 문제집도 풀어야 하는데, 이걸 언제 다하나.'

수담이가 문제집을 넘기며 얼굴을 찡그렸다. 그때 시내가 문을 열고 들어왔다.

"뭐 해? 여기까지 와서도 공부하는 거야?"

"응. 오늘 해야 할 게 있어서 말이야. 근데 언제 다하지? 어휴."

수담이는 몸을 뒤틀며 말했다.

"수학 문제네? 수학 싫어하니?"

"아니 뭐, 그냥 좀 빨리 나가서 놀고 싶어 그러지."

"얼른 하고 나가자."

　시내가 요즘 읽고 있는 책이라며 『원의 비밀을 찾아라』를 들고 왔다. 마주 앉은 시내에게서 풀꽃 향기 같은 것이 났다.
　수담이는 시내와 이것저것 묻고 대답하며 문제를 풀었다. 어느새 재미가 느껴졌다.
　"우리 주변에서 볼 수 있는 원이 뭐가 있을까?"
　수담이가 물었다.
　"그것도 숙제야?"
　"응."
　시내는 수담이의 말을 듣자마자 마구 쏟아 냈다.
　"동전, 바퀴, 시계, 태양, 달, 별…."

"그런 건 다 썼어. 물레방아, 선풍기, 맨홀 뚜껑, 피자도 썼어. 아, 냄비 뚜껑과 접시도 있다! 더 생각나는 거 없어?"

"둥근 네 얼굴, 하품할 때 벌린 입, 놀랐을 때 커진 눈, 또 … 아! 수담아, 나랑 밖에

나가자. 밖에 재미있는 동그라미가 있어."

시내는 수담이가 대답을 하기도 전에 문을 열고 나섰다. 한창 숙제가 재미있던 참이었지만 수담이도 벌떡 일어나 시내를 따라나섰다.

시내는 헛간으로 가서 쇠로 만든 커다란 고리 두 개를 가지고 나왔다.

"그게 뭐야?"

"굴렁쇠야. 이것도 동그랗지?"

시내는 굴렁쇠에 쌓인 먼지를 입으로 후후 불며 말했다.

"아, 이게 굴렁쇠구나. 사진으로 본 적은 있지만 실제로 본 건 처음이야."

수담이가 굴렁쇠를 이리저리 살피며 말했다. 수담이는 신기한 듯 굴렁쇠를 굴려 보았다. 굴렁쇠는 토담까지 또르르 굴러갔다. 쓰러질 듯 데굴데굴 구르는 게 재미있었다. 수담이는 굴렁쇠를 손으로 이리 굴리고 저리 굴리며 온 마당을 휩쓸고 돌아다녔다.

"아유, 손이 시커멓게 됐네. 시내야, 너 언제부터 굴렁쇠 굴렸어?"

수담이가 굴렁쇠를 굴리던 손을 툭툭 비벼 털며 시내에게 물었다.

"팽나무집 지오가 이사 간 뒤부터니까… 두 달쯤?"

시내가 닭장 앞에 걸려 있던 굴렁대 두 개를 가지고 왔다. 시내와 수담이는 굴렁쇠를 굴리며 마을 길을 달렸다. 두 개의 굴렁쇠가 굴러가는 소리, 아이들의 웃음 섞인 발소리, 빈집을 지키던 개들이 인기척에 놀라 컹컹 짖는 소리로 조용하기만 했던 한여름의 마을이 모처럼 떠들썩해졌다.

소가 만든 원

"아 참, 누렁이 데리고 나와서 풀을 뜯겨야 하는데…."

굴렁쇠 굴리기에 빠져 누렁소에게 여물을 주는 것을 그만 까맣게 잊어버린 시내가 문득 멈춰 서며 말했다.

"누렁이?"

"응. 지난달에 태어난 소야. 내가 따로 키워."

시내가 걸음을 재촉했다. 잠시 멈췄던 시내의 굴렁쇠가 다시 경쾌한 소리를 내며 빠르게 돌아가기 시작했다. 수담이도 질세라 굴렁대 쥔 손에 다시 힘을 쥐며 시내의 뒤를 따라 달렸다.

얼마나 신나게 달렸을까. "음매" 하는 누렁소 울음소리가 크게 들려왔다. 어느새 외양간 앞이었다.

잠시 후 시내가 누렁소를 몰고 나왔다. 수담이도 굴렁쇠를 걸어 놓고 얼른 시내를 따라갔다. 이제 시내의 뒤를 따라다니는 것쯤은 문제도 아니었다.

둘은 누렁소를 몰고 논길을 에돌아 학교 쪽으로 갔다. 시내는 학교 운동장 옆 공터에 말뚝을 박았다. 부드러운 풀이 우묵하게 자라 있었다.

누렁소는 큰 눈을 슴벅거렸다. 거품이 하얗게 묻은 입으로 풀을 뜯어 먹었다.

수담이는 시내를 따라 운동장으로 내달렸다. 여기저기 풀이 무성하게 자라 있었고, 한쪽 구석에는 축구 골대가 있었다.

운동장을 가로지르자 낡은 학교 건물이 보였다. 수담이는

교실 유리창 안으로 얼굴을 들이밀었다.

'아, 여기가 시내가 공부하는 교실이구나.'

교실 뒤에는 재미있는 그림들이 붙어 있었다. 수담이는 시내가 그린 그림이 어디 있는지 찾아보았다. 그러는 사이 시내가 갑자기 수담이의 손을 잡아끌었다.

"이리 와 봐, 또 원이 생각났어."

시내는 학교 뒤뜰로 수담이를 데리고 갔다.

"자 봐, 이 우물도 동그랗지? 그리고 이것 봐."

시내가 작은 돌멩이를 주워 우물 속에 떨어뜨렸다. 우물 안에서 금방 퐁 소리가 났다. 동심원들이 생겨났다. 물살이 잠잠해지기를 기다렸다가 수담이도 돌멩이를 하나 떨어뜨렸다. 동글동글 동그란 물살이 스르르 퍼져나갔다.

우물에 비친 시내와 수담이의 얼굴이 물살을 따라 흐물흐물 흔들렸다. 수담이와 시내는 우물에 비친 얼굴이 흔들리지 않을 때까지 가만히 들여다보며 웃었다.

'쓰름 쓰름 쓰휘웅 쓰휘웅.'

갑자기 학교가 소란스러워졌다. 잠시 숨을 죽이고 있던 매미들이 모두 한꺼번에 울기 시작한 것이다.

수담이가 뒷산 나무들을 올려다보는 사이 시내가 나무를 향해 달리기 시작했다. 수담이도 시내를 뒤따라 달렸다.

커다란 나무 밑에 선 시내가 두리번거렸다. 그러더니 한 나무 위로 올라가 매미를 잡아 왔다. 시내는 수담이 손바닥 위에 매미를 올려놓았다. 손바닥 위에 놓인 매미가 움직일 때마다 수담이는 간지러워서 몸을 비틀어 대며 쿡쿡 웃었다.

매미는 제법 큰 놈이었다. 수담이는 날개와 머리, 가슴, 배를 차례로 살펴보았다. 곤충도감에서 본 것과 똑같았다. 그사이 시내는 수풀을 돌아다니며 풀여치와 무당벌레도 잡아다 주었다. 방아깨비의 뒷다리를 잡고 수담이에게 인사도 시켜 주었다.

아무리 눈을 씻고 찾아도 아무것도 찾을 수 없는 수풀 속에서 시내는 이것저것 잘도 찾아냈다. 그리고 하나하나 이름과 특징까지 자세히 알려 주었다. 수담이가 처음 들어 보는 희한한 이름의 곤충도 있었다.

시내와 수담이가 수풀 사이를 이리저리 헤집고 다니는데, 이번에는 "음머" 하고 누렁소 울음소리가 들려왔다.

"다 먹었나 보네. 이제 말뚝을 옮겨 박아야겠어. 가자!"

시내가 말뚝을 옮기기 위해 뛰어갔다. 수담이는 시내가 잡아 준 곤충들을 어찌할까 망설이다가 모두 놓아 주고는 시내를 따라 뛰어갔다.

"수담아, 이리 와 봐. 여기 또 원이 있네?"

시내가 빨리 와서 보라며 손짓을 했다. 누렁소는 말뚝을 가운데 두고 고삐 줄이 닿는 데까지 풀을 뜯어 먹었다. 그 자리에 원 모양으로 흙이 드러났다.

"우리 누렁이가 배가 많이 고팠던 모양이야."

시내가 누렁소의 목덜미를 쓰다듬으며 말했다. 고삐 줄이 팽팽하게 당겨져 있었다.

"아이고, 우리 누렁이가 수담이 숙제도 도와줬네."

시내가 토닥토닥 누렁소의 등을 두드렸다. 누렁소도 기분이 좋은 모양이었다.

"그런데 이걸 뭐라고 써야 하지? 소가 풀을 뜯어 먹은 자리?"

수담이가 고개를 갸우뚱하며 말했다. 시내는 피식 웃으며 말뚝을 뽑았다. 누렁소의 코뚜레를 붙잡고 풀이 많은 곳을 찾아 두리번거렸다.

"여기가 좋겠어. 나무가 없으니까 줄이 감길 염려도 없고. 고삐 줄을 좀 길게 해 줘야겠다."

시내가 말뚝에 친친 감긴 고삐 줄을 마저 풀고 다시 단단하게 말뚝을 박으며 말했다.

"고삐 줄이 늘어나면 누렁이가 풀을 뜯어 먹은 자리에 생긴 원도 그만큼 커지겠지? 그러면 원주도 길어지겠다. 그렇지?"

"그럴 것 같은데… 원주는 왜?"

수담이가 시내의 추리 능력에 감탄하며 물었다.

"우리 숙제는 원주를 구하는 좋은 방법을 생각해 오라는 거야."

"줄자로 재면 되지 않아?"

수담이가 대단한 발견을 한 것처럼 말했다.

"재 봤는데, 정확하게 재기가 어려워. 좋은 방법이 아니야."

시내는 접시를 엎어 놓고 줄자로도 재고 실로도 쟀던 기억을 떠올렸다. 그런데 고삐 줄이 짧으면 원주도 짧고, 고삐 줄이 길면 원주도 길다면? 그렇다면 반지름에서 원주를 구할 방법이 있지 않을까? 시내가 고삐 줄을 만지작거리며 중얼거렸다.

말뚝과 중심

"수학 숙제는 이따가 집에 가서 하고 저기서 신발 뺏기 놀이나 하자."

시내가 갑자기 신발 한 짝을 벗어 수담이 머리를 가볍게 톡 때리며 말했다.

"신발 뺏기?"

수담이는 머리를 썩썩 문지르고는 주섬주섬 신발을 벗어 들었다. 시내는 누렁소가 풀을 뜯어 먹은 자리를 따라 원을 그렸다.

"신발을 이 안에 놓고 상대방의 신발을 먼저 꺼내면 이기는 거야. 원 안에 손을 짚거나 몸이 닿으면 안 돼."

시내는 게임 규칙을 말하고는 말뚝을 박았던 곳에 신발을 놓았다. 원주를 어떻게 구할 수 있을까 궁리하느라 머릿속이 복잡했던 수담이는 신발을 벗어 대충 던져 놓았다. 그 덕에 시내는 수담이 신발을 쉽게 꺼낼 수 있었다. 반면 가운데까지 손

 이 닿지 않는 수담이는 번번이 졌다. 세 번을 내리 이긴 시내가 수담이 운동화를 두 손에 주워든 채 개선장군처럼 말했다.
 "말뚝 박은 데까지 몸을 뻗기가 어렵지? 말뚝 박은 곳이 가장자리에서 가장 멀지."
 시내는 수담이 운동화 끈을 풀어 길게 잡고 운동화를 빙빙 돌렸다. 시내가 약을 올리듯 말했다.
 "어? 수담아, 이거 봐라. 여기도 원이 있어."
 "어디?"
 시내가 약 올리듯 말하자 수담이가 좀 억울한 듯 시내를 바라보았다. 그러더니 눈을 동그랗게 뜨고 되물었다.
 "내가 운동화를 빨리 돌릴 테니까 잘 봐."
 "어, 정말 원이네?"
 시내의 손놀림을 따라 운동화는 빙빙 돌며 원을

그리고 있었다.

"재미있다. 그러니까 이 운동화 끈이 아까 그 고삐 줄과 비슷한 거네. 그렇지?"

수담이가 빙빙 도는 신발을 잡으려고 손을 공중에 휘저으며 말했다.

"정말, 그렇겠구나."

시내가 빠르게 돌리던 손을 서서히 멈추며 대답했다.

"그런데, 시내야. 너, 내 신발 다시 줄 거지?"

수담이는 운동화 없이 맨발로 집까지 간다는 건 상상할 수도 없었다. 시내는 걱정하는 수담이의 모습이 재미있는지 장난치듯 말했다.

"아니야. 이 신발 이제 내 거야. 안 줄 거다."

수담이가 머쓱한 표정으로 우물쭈물하였다. 시내가 깔깔 웃으며 운동화 한 짝을 건네주었다. 수담이 표정이 다시 밝아졌다.

시내와 수담이는 운동화를 한 짝씩 빙빙 돌리며 학교 운동장으로 갔다. 발바닥이 따끔따끔했다. 맨발에 느껴지는 흙의 감촉이 새롭고 기분도 좋았다.

안녕! 동그라미

운동장 흙은 뽀얗고 고왔다.

시내와 수담이는 운동장에 원을 그렸다. 엄지손가락을 땅에 콕 짚고 엉덩이를 높이 든 채 빙 돌면서 나뭇가지로 동그라미를 그렸다. 한 뼘 크기 원이 뭉게구름 피어나듯 늘어났다. 순식간에 운동장 바닥에 여러 개의 원이 생겨났다.

"수담아, 잘 봐. 이제 보이지 않는 원을 그려 줄게."

시내는 한 손으로 수담이의 흙 묻은 손을 잡고는 팔을 벌린 채 빙빙 돌았다.

"내 손끝을 봐. 지금 원을 그리고 있어."

시내가 빙글빙글 계속 돌았다. 한 손으로 시내를 잡고 제자리에 선 채 같이 돌던 수담이는 시내가 밖으로 튕겨 나뒹굴 것만 같았다. 수담이는 두 손으로 시내를 꼭 잡고 발뒤꿈치에 힘을 주며 버텼다. 그럴수록 시내가 점점 빨리 돌았다.

"어? 어? 어?"

어찌 된 일인지 시내가 멈추려고 해도 몸이 말을 듣지 않았다. 시내와 수담이가 공중으로 붕 떠올랐다.

먼저 눈을 뜬 시내가 수담이를 흔들어 깨웠다.

"우아! 이게 뭐지?"

눈앞엔 여러 가지 빛깔의 크고 작은 동그라미들이 떠 있었다. 순식간에 동그라미들이 시내와 수담이를 둥그렇게 에워쌌다.

"안녕, 수담아."

"안녕, 시내야."

동그라미들은 저마다 시내와 수담이 이름을 부르며 앞다퉈 인사를 했다. 시내와 수담이는 어리둥절했다.

그때, 한가운데에 있던 작고 오똑한 코에 동그란 두 눈을 가진

동그라미가 동그란 입을 벌려 말했다.
"여기는 동그라미나라야. 나는 뽀얀동그라미라고 해. 너희가 운동장에 그린 원이지."

"우리가 운동장에 그린 원이라고?"

수담이와 시내는 깜짝 놀라 물었다.

"응. 그래서 운동장 흙색을 닮아 내가 이렇게 뽀얗단다. 동그라미나라 어른들도 모두 너희에게 고마워하고 있어. 그동안 아이들이 태어나지 않아서 애를 태웠대. 그런데 너희가 이렇게 많은 원을 즐겁게 그려 줘서 이제 동그라미나라에 아이들이 많아졌어."

시내와 수담이는 눈이 동그래졌다.

'놀면서 숙제를 했을 뿐인데… 동그라미들이 태어났다니….'

"안녕, 우리도 너희가 운동장에서 그린 원이야."

다른 동그라미들이 모두 환하게 웃으며 말했다.

"우리는 수담이가 굴렁쇠를 굴리며 만든 원!"

"우리는 너희가 우물 속에 만든 원이야. 반가워!"

크고 작은 동그라미들이 두 사람을 에워싸며 인사했다.

"나는 소가 풀을 뜯어 먹은 자리에 생긴 원이야."

초록빛을 띤 동그라미가 나서며 말했다. 초록빛동그라미는 조금 울퉁불퉁했다.

"우리는 운동화가 빙빙 돌 때 생긴 원이야."

뒤쪽에 서 있던 한 무리 동그라미들이 나서며 말했다. 다른 동그라미들이 다 인사를 하고 나자 저쪽에서 커다란 동그라미들이 다가왔다.

"안녕, 반가워. 우린 시내가 수담이 손을 잡고 빙빙 돌 때 시내 손끝에서 생긴 원이야. 악수 한번 할까?"

커다란 동그라미들은 목소리도 엄청 커서 말할 때마다 숲이 우렁차게 울렸다.

"자! 이제 뛰자."

뽀얀동그라미가 앞장섰다. 동그라미들이 모두 가느다란 두 팔을 앞으로 모으고는 휘익 몸을 돌려 굴러갔다. 눈이 휘둥그레진 시내도 영문도 모른 채 동그라미들을 따라 달렸다. 수담이도 덩달아 시내를 따라 달렸다.

네모나라로 끌려간 동그라미

학교 주변 숲을 한참 달리던 동그라미들이 팔을 펴 땅을 짚으며 멈췄다. 그 바람에 시내와 수담이도 멈췄다.

"얘들아, 힘드니?"

"아니!"

맨날 산과 들로 쏘다니는 시내는 아니라고 했지만, 가쁜 숨을 몰아쉬던 수담이는 주저앉아 일어날 줄을 몰랐다.

"조금만 더 가면 멋진 곳이 나오는데, 어쩌지?"

동그라미들은 주저앉은 수담이를 보며 생각에 잠겼다.

"우리가 수레를 만들어 태워 줄까?"

뽀얀동그라미 말에 분위기가 순식간에 싸늘해졌다.

"아니, 수담이가 힘들어하니까 나도 모르게 튀어나온 말이야. 미안, 미안!"

시내와 수담이는 무슨 일인지 어리둥절했다. 한동안 모두들 입을 다물고 있었다.

"시내야, 수담아, 내가 말해 줄게."

초록빛동그라미가 할 수 없이 나서며 말했다.

초록빛동그라미의 말에 의하면, 이웃에 있는 네모나라로 끌려간 동그라미들이 수레바퀴로 부려지고 있다는 것이었다. 얼마 전에도 네모나라 근처를 여행하던 크고 작은 동그라미들이 끌려갔단다. 네모나라는 신분이 엄격하게 나뉘어 있는데,

끌려간 원들은 가장 신분이 낮은 네모보다도 못한 생활을 하고 있다는 것이었다.

"어머나? 무슨 그런 나라가 다 있어? 빨리 네모나라에 가서 동그라미들을 구해 와야지!"

시내는 이야기를 듣자마자 당장 네모나라로 쳐들어갈 듯이 벌떡 일어나며 소리쳤다.

"서로 싸우다 보면 네모나라 도형들도 다치잖아."

커다란동그라미가 시내 어깨를 지그시 누르며 말했다.

"아니, 동그라미들이 끌려가서 고생하고 있는데, 네모 나라 도형들이 다칠 걸 걱정해?"

너무나 의외의 대답에 시내와 수담이는 화가 났다. 저절로 목소리가 높아졌다.

"네모나라 도형들도 언젠가는 우리 없이 굴러갈 수 있는 방법을 찾을 거야. 방법을 찾게 되면 그곳에 있는 동그라미들이 모두 돌아올 수 있을 거라고 하던데?"

뽀얀동그라미가 아는 척하며 나섰다. 하지만 시내와 수담이는 의아한 표정을 풀지 못했다. 시내와 수담이가 이해할 수 없다는 표정을 지었지만 초록빛동그라미는 아랑곳하지 않은 채 계속 말을 이어갔다.

"네모나라로 쳐들어가면 끌려간 동그라미들을 데려올 수는 있겠지만, 구르지 못하는 네모나라 도형들이 결국 또 쳐들어올 테니 전쟁이 계속되겠지?"

"그래, 처음부터 네모나라에서 동그라미나라에 도움을 청하면 좋았을 텐데, 네모들은 왜 그런 생각을 못 하나 몰라."

뽀얀동그라미가 끼어들자 초록빛동그라미는 말을 보탰다.

"모양에 따라 신분이 나뉘어 있어서 그런지 생각이 꽉 막혀서 사이좋게 도우면서 사는 방법을 모른대."

시내와 수담이는 초록빛동그라미 말을 듣고, 밝고 행복하게만 보이는 원들에게도 아픔이 있다는 걸 알게 되었다.

'그래서 동그라미들에게는 수레 만드는 일이 마음 아픈 일이겠구나.'

수담이는 미안한 생각이 들어 슬그머니 다리를 주무르던 손을 떼며 물었다.

"동그라미들은 사이가 좋아 보이는데."

"우리 동그라미들도 한때는 사이좋게 사는 방법을 몰랐대. 동그라미들은 가까이 붙어도 빈틈이 생겨. 그래서 딱 붙어설 수 있는 네모를 부러워하며 서로 멀리하곤 했대."

커다란동그라미가 생각에 잠긴 듯 눈을 가늘게 뜨자 초록빛동그라미가 얼른 이어받았다.

"그러다 동그라미들처럼 사이사이에 채워지지 않는 틈이 있는 게 더 좋다는 걸 알게 됐대. 그 틈이 있어 오히려 숨막히지 않는다는 거야."

"아, 그러다가 다른 도형 아니, 다른 나라의 행복까지도 생각하게 된 거구나."

"그렇지. 한 단계 더 성숙한 나라가 된 거야."

초록빛동그라미의 설명에 시내와 수담이는 동그라미나라가 몹시 궁금해졌다. 수담이가 벌떡 일어나며 말했다.

"너희 사는 마을은 어느 쪽에 있어?"

수담이의 말이 끝나기도 전에 학교 종소리가 들려왔다.

"우린 다시 교실로 가야 해. 아직 학교가 안 끝났거든."

뽀얀동그라미가 아쉬워하며 말하자 초록빛동그라미가 손가락으로 한쪽을 가리키며 말했다.

"저쪽 산을 돌아서면 마을이 나와. 담에 또 보자."

"잘 가. 수담아, 시내야."

"또 놀러와."

동그라미들이 두 사람에게 손을 흔들었다. 시내와 수담이도 함께 손을 흔들었다. 동그라미들이 교실로 향하자 시내는 웃으면서 수담이를 툭 쳤다.
"너 숙제 말이야, 이 동그라미들도 빠뜨리지 말고 모두 다 쓸 거지?"
시내의 말에 수담이는 마음이 가뿐해졌다. 이제 수담이 여름방학 숙제는 다 했고 시내 숙제만 남았다.

완전한 원

시내와 수담이는 동그라미들이 일러준 대로 왼쪽으로 난 길을 따라 걸었다. 그 길을 따라 곧장 가면 동그라미들이 사는 마을이 있다고 했다.

둘은 장난스럽게 활개를 치며 걸었다. 숲은 서늘했다. 훤칠한 나무들이 푸른 바람을 보내 주었고, 작은 이파리들은 저마다 손을 흔들어 주었다. 구름위동그라미를 만난 것은 그 아름다운 길 위에서였다.

길 가 큰 나무가 만든 그늘에 동그라미 하나가 누워 있었다. 나뭇잎이 무성해 햇빛이 들지 않는데도 동그라미는 눈이 부신 듯 얼굴을 찌푸린 채 눈을 감고 있었다. 시내와 수담이는 어디가 아픈 건지, 아니면 자는 건지 살펴보려고 가만히 들여다보았다. 인기척을 낼까 말까 고민하다가 괜히 단잠을 깨우는 것 같아 조용히 지나치려고 살금살금 발걸음을 옮겼다. 그때, 동그라미가 슬며시 몸을 일으켰다.

"여어, 시내와 수담이구나."

시내와 수담이가 깜짝 놀라 고개를 돌렸다. 동그라미가 싱긋 웃었다.

"그늘이 정말 좋아서 잠시 쉬려고 누웠는데 그만 깜빡 잠이 들었었나 봐. 아, 개운하다."

동그라미는 크게 기지개를 켜더니 시내와 수담이에게 곁에 앉으라는 손짓을 했다.

"친구가 너희들 얘기를 해 주었어. 나는 구름위동그라미야. 반가워!"

시내는 동그라미가 내민 손을 잡으며 궁금한 듯 물었다.

"구름위?"

"나는 생각하는 걸 좋아해. 그렇다고 뜬구름 잡는 생각만 한다고 짐작하지는 마. 나는 완전한 원에 대해서 생각하고 있거든."

"완전한 원?"

시내와 수담이가 동시에 물었다.

구름위동그라미는 굉장한 비밀을 알려 주는 것처럼 낮은 목소리로 자신의 이야기를 들려 주었다.

"동그라미 아이들은 아주 어렸을 때부터 어른들로부터 원은 완전하다는 이야기를 듣고 자라. 다른 아이들은 다 쉽게 고개를 끄덕이는데, 나는 원이 왜 완전하다는 건지 도통 이해할 수 없었지."

"그래서 어떻게 되었는데?"

"결국 지혜로운 노인들이 모여 사는 마을에 찾아가 물었지만, 그분들은 스스로 풀어 보라고 말씀하셨어. 그때부터 거기서 꽤 오랫동안 지냈어. 왜 원을 완전하다고 하는가에 대해 생각하면서."

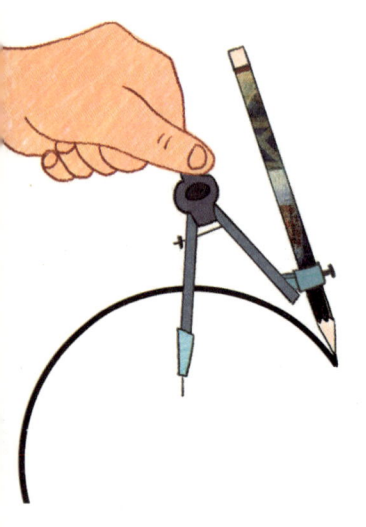

구름위동그라미는 잠시 먼 산을 바라보더니 이내 말을 이어갔다.

"그렇지만, 나는 지금 그곳을 떠났어."

구름위동그라미는 담담한 표정으로 말했다.

"우리 옆집 형네 놀러 가서 해 봤는데 컴퍼스를 꼭 잡고 잘 그리면 정말 동그란 원이 나오던데, 그래서 원이 완전한 거 아닌가?"

수담이가 어려운 문제가 아니라는 듯이 말했다.

"언뜻 보면 그렇기도 한데, 사람들이 그리는 원은 불완전해."

"왜?"

"연필을 엄청 뾰족하게 깎아서 반들반들한 종이 위에 컴퍼스를 정확하게 돌려 원을 그려 봐. 그 다음 현미경을 대고 들여다보면 어떻게 보일까?"

시내와 수담이는 한 번도 생각해 보지 않은 질문에 고개를 갸우뚱했다.

"갉아 먹은 뻥튀기 과자처럼 울퉁불퉁할 거야. 그러니까 완전한 원은 사람들 머릿속에나 있을 뿐이야. 나는 우선 사람들의 머릿속에 있는 그 완전하다는 원을 우리 동그라미나라에서 만들어 보고 싶어."

"원이 왜 완전한지도 모르는데 완전한 원은 만들어 보고 싶다고?"

시내와 수담이가 의아한 듯 구름위동그라미 얼굴을 쳐다보았다.

"응. 그러니까 복잡해."

"그럼 이제 어쩔 거야?"

"우리 어른들 말씀이 완전히 틀린 것은 아닐 거야. 그렇지만 내가 생각하는 방법이 혹시 잘못되지는 않았나 고민도 되고…."

"그래서 이곳을 떠나는 거야?"

"좀 더 넓은 세상을 보면 다르게 생각할 수 있을까 해서. 너희들도 그래서 여행하는 것 아니니? 너희들 이야기를 하면서 우리도 여행 떠나기로 했거든. 조금 있으면 같이 갈 친구가 올 거야."

"여행?"

시내와 수담이가 동시에 되묻고 얼굴을 마주 보았다.

"어디로 갈 건데?"

시내가 물었다.

"글쎄. 아직 정하지는 못했어. 너희는 어디로 갈 거야?"

"우린 여행 온 게 아니야. 정신을 차리고 보니까 여기였어."

"뽀얀동그라미, 초록빛동그라미 … 우리가 동그라미들을 그렸대."

시내와 수담이가 서로 앞다투며 말했다. 구름위동그라미가 살짝 웃었다.

"그럴 리 없어. 인간 세상에서 원을 아무리 많이 그려도 여기 들어오지는 못해. 그게 가능하다면 여긴 벌써 사람들로 꽉 찼을 거야."

구름위동그라미의 말에 시내와 수담이는 멍하니 할 말을 잃었다.

"분명히 뭔가 이유가 있었을 거야. 잘 생각해 봐."

시내와 수담이는 서로 마주 보며 생각에 잠겼다. 그러다가 동시에 외쳤다.

"원주!"

시내와 수담이는 누가 먼저랄 것 없었다.

"숙제!"

시내와 수담이 머릿속에 갑자기 불이 켜진 듯 생각이 났다.

'그래, 학교 운동장에서 손을 잡고 원을 만든다며 돌다가 붕 떠올랐어.'

길 떠나는 동그라미

"너희는 원주 구하는 방법을 찾으러 여기에 오게 된 걸까?"

시내와 수담이의 이야기를 들은 구름위동그라미가 말했다.

"그래! 우린 원주를 구하는 좋은 방법을 꼭 찾아야 해. 곡선의 길이를 구하는 건 정말 쉽지 않아."

시내가 두 손으로 머리를 감싸며 말했다. 구름위동그라미는 '원주'라고 중얼거리며 알 듯 말 듯 한 표정을 지었다.

"너희도 우리와 함께 여행을 떠나지 않을래? 돌아다니다 보면 좋은 생각이 떠오르지 않을까?"

시내와 수담이, 구름위동그라미는 이런저런 얘기를 나누는데 제법 큰 동그라미 둘이 굴러왔다. 그런데 먼저 도착한 동그라미 얼굴이 울그락불그락했다.

"왔어? 같이 왔네. 혼자 온다고 하더니…."

구름위동그라미가 앞에 선 멋쟁이동그라미에게 손을 흔들며 말했다.

"그러게 말이야. 부득부득 같이 가겠다는 거야. 혼자 오려고 했는데."

멋쟁이동그라미가 구름위동그라미의 손을 잡아 흔들며 얼굴을 찡그렸다. 그때마다 두 팔에 찬 여러 개의 동그란 팔찌도 같이 흔들렸다. 시내와 수담이는 하나하나 모양이 다른 팔찌들이 참 곱다고 생각했다.

"네가 어딜 가는지, 그곳이 얼마나 위험한지 아무것도 모르는데, 어떻게 내가 가만히 집에만 있겠니? 같이 가야지. 우린 쌍둥이잖아!"

뒤따라온 빙글이동그라미가 구름동그라미에게 빙글빙글 웃으며 말했다.

"아, 난 결국 허탕 칠지 몰라."

멋쟁이동그라미가 구름위동그라미에게 투정을 부리듯 말했다.

"허탕을 치다니?"

시내가 팔찌에서 눈을 떼고 물었다.

"얘네들은 누구야? 혹시 인간 세상에서 왔다는 애들?"

시내와 수담이가 고개를 끄덕였다.

"뭘 허탕 칠 것 같은데?"

시내가 궁금해하며 다시 물었다.

"이번 여행 말이야."

"왜?"

멋쟁이동그라미는 고개를 한 번 젖혔다. 골치 아픈 듯 팔찌를 낀 손으로 이마도 짚었다. 빙글이동그라미는 옆에서 빙글빙글 웃고 있었다.

"쟤 때문이지 뭐."

구름위동그라미는 말없이 웃으면서 앞서 굴러갔다. 멋쟁이동그라미도 뒤를 따랐다. 시내가 함께 걸으면서 왜냐고 거푸 물었다. 멋쟁이동그라미가 한숨을 푹 쉬더니 낮게 중얼거렸다.

"너 같은 어린아이가 어떻게 이해할 수 있겠니?"

시내는 기분이 썩 좋지는 않았지만 그렇다고 펄펄 뛰며 화내지는 않았다. 멋쟁이동그라미 표정이 너무 진지해 보였기 때문이었다.

일행은 숲을 빠져나와 가로수가 늘어서 있는 길로 들어섰

다. 멋쟁이동그라미의 핀잔에도 아랑곳하지 않고 빙글이동그라미는 콧노래를 부르며 걸었다. 빙글이동그라미의 노랫소리가 가로수를 휘감고 맑은 하늘 위로 높이 퍼져 갔다.

산을 돌아서자 마을이 나타났다. 빙글이동그라미는 계속 노래를 부르며 힘차게 굴러갔다. 수담이도 어느새 익혔는지 함께 노래를 흥얼거리며 뛰어갔다. 그 뒤로 구름위동그라미가 따라갔다.

얼마 안 가서 멋쟁이동그라미가 시내 곁으로 다가왔다.

 "시내야, 아까 내가 건성으로 대답해서 미안해. 사실은 말이야… 나는 동그라미나라가 싫어. 이곳을 아주 떠나고 싶거든. 혼자서라도….”

 시내가 깜짝 놀라 멋쟁이동그라미를 쳐다보았다.

 "이곳은 너무 지루해. 어른들은 서로 사랑하고 행복하게 사는 곳이라고 말하지만 다 똑같이 동그랗게 생겼잖아. 나는 그게 싫어.”

 생각해 보니 세모나 네모는 서로 다르게 생긴 것이 있지만 동그라미는 크고 작은 차이만 있을 뿐 생김새는 모두 다 똑같았다. 모든 원˚은 닮았고, 닮지 않은 것은 이미 원이 아니었다.

"그래, 사람들은 다 달라서 더 재미나게 살 수 있지."

시내는 고개를 끄덕이며 말했다. 다 닮았다면 멋쟁이동그라미 말대로 지루할 수도 있을 것 같았다.

"어머, 넌 나를 이해해 주는구나. 이런 얘기를 하면 동그라미나라의 친구들은 아무도 이해를 못하더라. 인간 세상에서는 피부색과 생김새가 서로 다르다고 싸우기도 한다면서? 동그라미나라에는 그런 일이 없으니 얼마나 좋으냐는 거지. 그렇지만 난 싫어. 그래서 이곳을 떠나고 싶은 거야. 원이라는 사실만으로도 개성을 인정받는 곳으로 가고 싶어."

말을 마친 멋쟁이동그라미가 묵묵히 굴러갔다. 앞서가는 빙글이동그라미가 뒤를 돌아보더니 멋쟁이동그라미 곁으로 다가왔다.

"아유, 속상해. 너 때문에 어딜 가든 단 하나밖에 없는 동그라미 노릇은 못 하잖아?"

멋쟁이동그라미가 귀찮은 듯 빙글이동그라미를 콩콩 쥐어박았다. 그래도 빙글이동그라미는 싱글싱글 웃으며 곁에서 떨어지지 않고 함께 굴러갔다. 시내는 그렇게 둘이 아웅다웅하며 같이 가는 모습이 보기 좋았다.

시내 일행이 마을로 들어섰다. 동그라미들이 모여 사는 곳이었다. 둥그렇게 생긴 집들을 지날 때마다 둥그라미들이 둥그란 대문 앞에 나와 손을 흔들어 주었다. 밝고 따뜻한 얼굴들이었다. 둥그란 마당, 둥그란 대문, 둥그란 창문…. 모든 것이 둥글둥글했다. 마을에서 만난 둥그라미 아주머니들은 시내와 수담이를 감싸 안기도 하고 그들끼리 '하하 호호' 웃으며 얘기를 나누기도 했다.

 마을 구경을 마치고 다시 길을 나서려는데, 둥그런 정자에 앉아 얘기를 나누던 어른 둥그라미들이 큰소리로 물었다.

 "어딜 가는 거니?"

 "여행을 떠나요."

 구름위둥그라미가 크게 대답했다.

 "용감한 도형들이구나. 많이 배우고 오너라."

 어른 둥그라미들은 잘 다녀오라고 손을 흔들었다.

동굴

일행은 곧 가파른 산길로 접어들었다. 동그라미들도 가쁜 숨을 내쉬었다. 힘들 때마다 빙글이동그라미와 시내가 번갈아 가며 재미있는 이야기보따리를 풀었다. 그 바람에 일행은 아주 즐겁게 산을 넘을 수 있었다.

"휴, 힘들다. 여기서 조금만 쉬어 가자."

산 하나를 넘고 나자 빙글이동그라미가 큰 나무 그늘에 벌렁 누우며 말했다. 수담이도 얼른 주저앉아 신발을 벗어 발바닥을 살펴보았다. 이렇게 많이 걸어 보기는 처음이었다. 동그라미들과 시내도 털썩 앉았다.

일행이 자리잡은 나무 앞에는 제법 큰 연못이 있었다. 연못

가에는 큰 배롱나무 한 그루가 서 있었고, 연못 안에는 둥그런 연잎이 떠 있었다. 군데군데 소담스럽게 피어 있는 연꽃 사이로 소금쟁이들이 여기저기에 원을 만들며 돌아다니고 있었다. 개구리들은 퐁당퐁당 소리를 내며 연못 속으로 뛰어들었다.

"아, 예뻐라. 저렇게 예쁜 꽃은 처음 봐."

멋쟁이동그라미가 연못을 빙빙 돌았다. 시내도 멋쟁이동그라미를 따라 연못을 돌았다. 여러 겹으로 벌어진 연꽃은 정말 예뻤다.

연꽃 구경에 푹 빠져 있는 동안 구름이 더욱 짙어지더니 연못 주변이 어둑어둑해졌다. 이내 후드득후드득 빗소리가 들려왔다.

"비가 와!"

구름위동그라미가 빗방울이 떨어지는 연못을 보며 말했다. 모두 하늘을 쳐다보았다. 빗방울은 점점 더 굵어지고 있었.

동그랗게 크고 작은 물살이 일렁였다. 마치 연못 위에서 하늘을 향해 '짹째글 짹째글' 조그만 입을 동그랗게 벌리는 제비 새끼들 같았다. 일행은 비를 피할 곳을 찾아 뛰었다.

"저 위쪽으로 올라가면 동굴이 있어!"

멋쟁이동그라미 말에 일행은 멋쟁이동그라미를 따라 위쪽

으로 뛰었다. 가파른 계곡이 눈앞을 가로막았다. 갑자기 불어난 계곡물 소리가 요란했다.

모두 낙담한 표정으로 불어난 물을 바라보고 있을 때였다. 나무 위로 올라간 시내가 서로 꼬인 칡덩굴을 풀어 내렸다. 그러고는 칡덩굴 한 줄기를 꼭 부여잡았다.

"자, 봐요. 간다."

한껏 뒤로 물러섰던 시내가 발을 구르며 소리쳤다. 시내는 대롱대롱 매달린 칡덩굴을 잡고 그네를 타듯이 휘익 저편으로 건너갔다.

멋쟁이동그라미와 빙글이동그라미가 눈이 휘둥그레졌지만 곧 시내처럼 칡덩굴을 한 줄기씩 잡고 휘익 계곡 저편으로 쉽게 건너갔다.

　수담이도 칡덩굴을 잡았다. 머뭇거리다가 엉덩이를 뒤로 뺐다. 그 모습을 옆에서 본 구름위동그라미가 수담이 등을 다독이며 힘을 주었다.

　수담이는 다시 손에 칡덩굴을 몇 번 돌려 감았다. 그러고는 눈을 꼭 감고 발을 힘차게 구르며 뛰었다. 몸이 공중에 붕 떴다. 마지막으로 구름위동그라미가 양손에 칡덩굴 한 줄기씩 잡고 날듯이 건너왔다.

　일행은 멋쟁이동그라미 뒤를 따라 산중턱 큰 바위 밑에 있는 동굴로 들어갔다. 동굴 안으로 들어가자 빗소리는 더욱 커졌다.

동굴은 입구에서 보는 것과는 달리 매우 컸다. 안으로 들어갈수록 천장은 더 높아지고 바닥도 넓어졌다. 그러나 동굴 안은 춥고 어둡고 축축했다. 비에 젖은 일행 모두는 오들오들 떨었다.

구름위동그라미가 동굴 곳곳에서 땔감으로 쓸 삭정이 가지와 장작을 한 아름 들고 왔다. 모두 구름위동그라미를 도와 매캐한 연기에 눈물을 흘려 가며 불을 지폈다. 시내와 수담이도 후후 바람을 보탰다.

칡덩굴 두 줄기

불이 활활 타오르자 동굴 안은 이내 밝고 따뜻해졌다. 동그라미 셋과 시내와 수담이는 모닥불을 가운데 두고 둥그렇게 둘러앉았다. 모두의 얼굴 위로 불빛이 일렁거렸다.

"수담아, 여기에도 원이 있다."

시내가 둥그렇게 앉은 일행을 손으로 빙 둘러 가리키며 말했다. 수담이가 웃었다.

"시내야, 드디어 생각이 났어."

"뭐가?"

"π(파이)야."

"파이라구? 무슨 파이?"

"원들은 다 닮았잖아. 반지름만 다를 뿐이지 생김새는 다 같아. 그걸 말해 주는 값이 원주율˚인데, π(파이)라고 간단히 말한대. 옆집 형이 공책에 적는 걸 본 적이 있어. 처음 보는 글자라서 물어봤더니 가르쳐 줬어."

수담이가 삭정이를 하나 집어 동굴 바닥에 커다랗게 π를 써 보였다.

"아까 계곡을 건너올 때 칡덩굴 두 줄기가 왔다 갔다 하는 모습을 보고 뭔가 생각이 날 듯 말 듯 했었거든."

시내와 멋쟁이동그라미, 빙글이동그라미가 눈을 동그랗게 뜨고 수담이가 쓴 π를 바라보았다.

"π가 원주율을 나타낸다고?"

"음. 그렇대…."

수담이는 말꼬리를 흐렸다. 그때, 구름위동그라미가 수담이 손에 든 삭정이를 받아 모닥불을 돋우며 말했다.

"그래. 우리 원들은 크거나 작거나 다들 똑같은 모습으로 수 하나를 품고 살아. 모든 원은 원주를 지름으로 나눈 값이 똑같거든. 그 값을 원주율(π)이라고 부른다고 했어."

"아니, 모양까지 똑같다 못해 모두 똑같은 수 하나를 품고 산다고?"

멋쟁이동그라미는 기가 막혀 말을 끝까지 잇지 못했다.

"아! 원주율이 3.14지? 들어봤어."

신이 난 시내의 말에 구름위동그라미가 덧붙였다.

"옛날부터 많은 사람들이 원주를 계산했대. 덕분에 원주율은 소수점 아래 끝이 없는 수라는 게 밝혀진 거야. 반복되지 않는 끝이 없는 수!"

"3.14가 아니고?"

반복되는 시내의 말에 구름위동그라미는 들고 있던 삭정이

로 원주율을 썼다.

"지혜로운 노인들이 사는 마을에서 배울 때는 더 많이 계산했었는데, 좀 잊어버렸네. 되풀이되는 부분이 없으니까 기억하기 힘들어."

구름위동그라미의 말에 시내 눈빛이 반짝였다.

"계산을 했다고? 그럼 원주를 지름으로 나눴다는 말이니까 원주를 구했겠네? 어떻게?"

"줄자로 쟀어?"

수담이의 말에 시내가 눈을 흘기며 말했다.

"나 참, 재서 될 일이 아니라니까."

"맞아. 줄자로 아무리 정확하게 재도 소수점 아래 몇 자리나 내려가겠니? 눈금이 0.1cm 단위로 되어 있는데."

"맞아. 그러니까 원주를 어떻게 구했어?"

"너 스스로 알아낼 수 있을 거야. 계속 의문을 품고 생각하다 보면 어느 날 아하! 하고 무릎을 치게 되는 날이 찾아와."

시내와 구름위동그라미가 주고받는 말을 들으며 생각에 빠져 있던 멋쟁이동그라미가 '아하' 하며 무릎을 쳤다.

"왜 그래?"

모두 깜짝 놀랐다.

"우리가 품고 사는 수가 끝도 없는 긴 수인데, 중간에 되풀이되는 부분도 없다잖아. 얼마나 멋있니? 우리 원이 모두 닮은 이유가 그런 멋진 수를 품기 위해서라면, 모두 닮았다는 게 얼마나 멋진 일이야?"

멋쟁이동그라미가 빙글이동그라미의 손을 꼭 잡았다.

동그라미들의 얼굴이 빨갛게 익어 갔다. 시내와 수담이 옷에서는 김이 모락모락 났다. 동그라미들도 시내와 수담이도 잠시 말없이 모닥불을 바라보았다. 탁탁 소리를 내며 타던 모닥불이 한쪽으로 기울어졌다.

구름위동그라미가 다시 긴 막대로 불기운을 돋우며 입을 열었다.

"나는 아무래도 네모나라로 가 봐야겠어."

"네모나라?"

모두들 놀라 눈이 동그래져서 구름위동그라미를 쳐다보았다.

"어른들이 왜 동그라미가 완전하다고 말씀하셨는지 이제 조금 알 것 같아. 전에 동네 어른 한 분이 도형들이 동그랗게 앉아 있는 걸 보면 누구도 구석에 있지 않고 누구도 위에 있지 않다고 말씀하신 적이 있어. 가운데에서는 모두 거리가 똑같다고 그때는 그 말뜻을 헤아리지 못했는데 이제는 알겠어."

"그래, 맞아."

수담이가 말을 보태자, 구름위동그라미가 고개를 끄덕이며 계속 말을 이었다.

"아까 시내가 여기도 원이 있다고 했지? 정말 우린 누가 시키지도 않았는데 모닥불 주위에 둥그렇게 앉았어. 뾰족한 삼각형이나 네모난 사각형 모양처럼 앉았다면 어떻게 됐을까?"

"누구는 불에서 멀리 떨어져 앉아 벌벌 떠는데, 누구는 불이 너무 가까워 뜨겁겠지."

"그래. 어른들께서 원이 완전하다고 하신 것은 바로 우리가 이렇게 둥그렇게 앉아 불을 똑같이 나누어 쬐듯이 서로 골고루 사이좋게 나누며 사는 것을 말씀하신 게 아니었을까?"

구름위동그라미는 꺼져 가는 모닥불을 헤집느라 하던 말을 잠시 쉰 다음 다시 말을 이었다.

"네모나라로 끌려간 우리 동그라미들도 염려되지만, 네모나라 도형들도 동그라미들을 괴롭히면서는 제대로 산다고 할 수 없을 거야. 네모나라의 문제점을 어떻게 해결할 수 있는지가 보고 싶어. 그게 원이 완전하다는 의미를 실현하는 일이라고 생각되거든."

완전한 도형

구름위동그라미가 떠나자 남은 일행은 동굴 안쪽으로 걸음을 옮겼다.

"비를 피하러 여러 번 들어왔었지만, 동굴 탐사를 해 볼 생각은 한 번도 못했어. 너희 덕분에 새로운 경험을 해 볼 수 있게 되었는걸."

멋쟁이동그라미가 들떠서 말했다. 한 발 한 발 안으로 들어가자 동굴 안은 점점 더 어둡고 축축해졌다. 동굴 입구에서 멀어지자 빛이 점점 희미해졌다. 시내는 미리 준비해 온 횃불을 켜 들고 앞장섰다.

일행의 발소리와 숨 쉬는 소리, 타닥타닥 나뭇가지가 타들어 가는 소리, 쉬익쉬익 지나가는 바람 소리… 적막한 동굴 안은 밖에서는 잘 들리지 않던 소리로 가득했다.

'또로롱 퐁퐁, 또로롱 퐁퐁.'

아주 맑게 울려 퍼지는 소리도 들렸다.

"무슨 소리지?"

오슬오슬 팔뚝에 돋아나는 소름을 손바닥으로 쓸면서 수담이가 물었다.

"동굴 천장에서 물방울이 떨어지는 소리 같아."

시내와 수담이는 동굴 위쪽을 쳐다보았다. 동굴 천장에 주렁주렁 매달린 고드름 모양의 종유석에 뭔가 동글동글한 것이 가득 붙어 있었다.

"가만… 박쥐는 아닌 것 같은데…."

시내가 바닥에서 작은 돌을 주워 던졌다.

"꺄악! 무슨 짓이야!"

종유석에 매달려 있던 것들이 비명을 지르며 우르르 바닥으로 떨어져 내렸다. 시내는 얼른 횃불을 들이댔다.

"아유, 눈부셔! 그것 좀 치워."

종유석에 붙어 있던 동글동글한 것들이 소리쳤다.

"돌을 던지면 어떻게 해? 이마에 혹이 생겼잖아!"

그들 중 한 명이 시내에게 따지듯 말했다.

횃불 앞에 드러난 그들은 어딘가 좀 이상한 동그란 모습을 하고 있었다. 시내는 횃불을 더 아래쪽으로 내려 찬찬히 살펴보았다. 밑이 평평한 원이었다.

"우리는 반쪽 동그라미야."

반달 모양의 반쪽 동그라미들이 일행을 에워싸며 동그라미들을 신기한 듯 바라보았다.

"이상하게 생겼네. 어떻게 저렇게 둘이 꼭 붙어서 서 있지?"

"우린 둘이 꼭 붙어 있는 게 아니야. 하나가 이렇게 아래까지 동그랗단다. 너희는 우리를 반으로 뚝 잘라 놓은 모습이구나."

말을 마친 빙글이동그라미가 먼저 굴러가기 시작했다. 시내와 수담이도 뒤를 따랐다. 멋쟁이동그라미도 뒤따라 굴러갔다. 그러자 신기하다는듯 바라보던 어린 반쪽 동그라미가 멋쟁이동그라미를 따라 뛰어와 궁금한 듯 물었다.

"어떻게 하면 저도 그렇게 구를 수 있을까요?"

"음, 그건 간단해. 너와 키가 같은 친구랑 손을 꼭 잡고 붙어서 원을 만들어 보렴."

"아, 그럼 되겠군요. 고마워요."

멋쟁이동그라미가 흐뭇하게 웃으며 손을 흔들었다. 어린 반쪽 동그라미도 멋쟁이동그라미를 향해 손을 흔들었다. 반쪽 동그라미들은 짝꿍을 찾아 손을 잡고 다시 종유석 위로 기어 올라갔다. 그 밑으로 작은 동그라미 하나가 신나게 데굴데굴 굴렀다. 어린 반쪽 동그라미가 그새 짝꿍을 찾은 모양이었다.

"시내야, 원이 완전한 이유를 하나 더 알겠어."

수담이가 호들갑스럽게 시내를 향해 말했다.

"그래? 뭔데?"

시내보다 멋쟁이동그라미가 더 궁금해하며 얼굴을 들이밀었다.

"이렇게 반원을 두 개 붙이면 원이 되는데, 붙인 자리를 기준으로 해서 양쪽이 똑같이 대칭*이야. 반원을 어떻게 붙여도

항상 그렇지. 다르게 생각하면 원은 중심을 지나는 선을 긋기만 하면 항상 대칭이라는 거야."

수담이가 동굴 바닥의 돌 위에 반원과 원을 그리면서 설명하였다.

"맞아. 사람은 정확하게 가운데를 기준으로 해야 좌우 대칭이 되잖아. 사람에게는 대칭이 되는 선은 그렇게 딱 하나밖에 없지."

시내가 고개를 끄덕거리며 말했다.

"그러니까 우리 원은 대칭이 되는 선이 무한히 많기 때문에 완전하다는 거구나."

멋쟁이동그라미는 또 하나의 깨달음을 얻은 것이 기쁜지 입을 다물 줄을 몰랐다.

"너희는 정말 완전한 도형이구나."

시내가 부러워하며 말하자, 빙글이동그라미가 한껏 으스대며 말했다.

"맞아. 이 세상에 그런 도형은 우리밖에 없어."

빙글이동그라미 말에 모두 구름위동그라미가 생각난 듯 먼 산을 바라보았다.

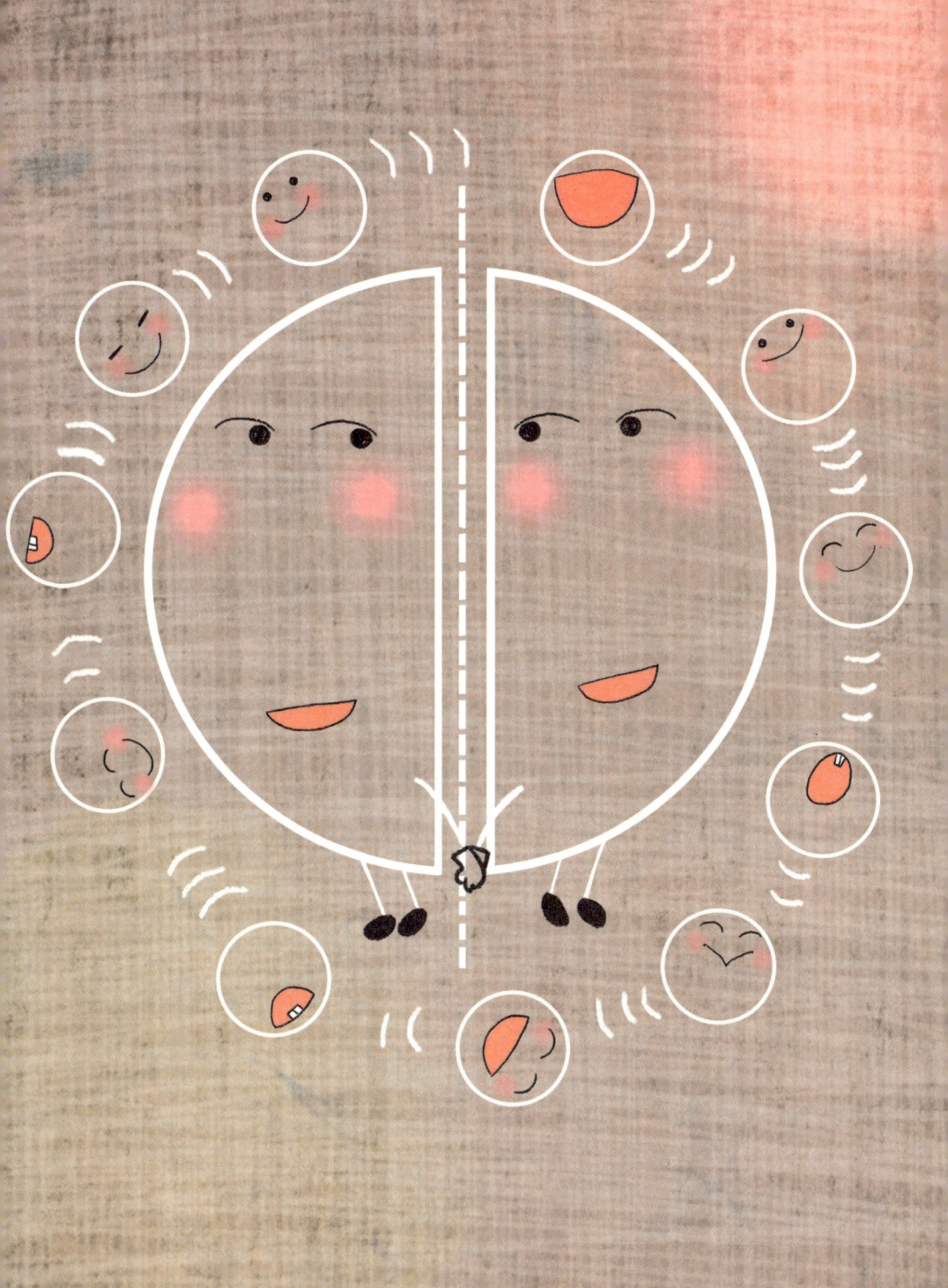

흘러가는 동그라미

동굴은 처음 생각했던 것보다 훨씬 길었다. 군데군데 물웅덩이만 있던 바닥은 갈수록 질펀하게 물에 잠겨 있었다. 게다가 횃불로 쓰기 위해 마련해 온 나무도 다 떨어졌다. 불빛도 없이 컴컴한 어둠 속에서 발목까지 잠기는 물속을 걸어가는 일은 좀처럼 쉬운 일이 아니었다.

시내와 수담이는 손을 꼭 잡았다. 발밑을 살피듯 디뎌 가며 겨우겨우 걸음을 옮겼다. 동그라미들은 물이 점점 많아지면서 몇 번씩이나 물속에 잠겨 어푸어푸했다. 굴러갈 생각은 아예 하지도 못하고 벽에 바싹 붙어서 더듬더듬 길을 헤치며 나갔다.

얼마쯤이나 더 갔을까. 멋쟁이동그라미가 먼저 지쳐 주저

앉았다.

"힘들어. 더 못 가겠어. 무섭기도 해. 동굴이 자꾸 땅속으로 더 깊이 들어가는 거면 어떡해? 물 내려가는 것 좀 봐."

멋쟁이동그라미의 걱정 섞인 말에 대꾸하는 이가 하나도 없었다.

"힘들면 그냥 누워서 흘러가는 게 어때?"

잠깐 침묵하던 시내가 말했다. 빙글이동그라미가 좋은 생각이라며 슬며시 물 위에 몸을 눕혔다. 몸이 물 위로 둥둥 떴다. 기분도 그럴듯했다.

빙글이동그라미가 망설이는 멋쟁이동그라미에게도 누우라고 손짓했다. 멋쟁이동그라미는 멋쟁이 체면에 그럴 수는 없었지만 몸이 먼저 누웠다. 두 동그라미는 이제 앞서거니 뒤서거니 물 위에 떠서 흘러갔다.

"어쿠!"

갑자기 어딘가에 부딪힌 듯 멋쟁이동그라미가 소리쳤다. 그 소리에 놀란 시내와 수담이가 철벅철벅 소리를 내며 뛰어가다 '퍽' 하고 부딪혔다.

"아이고, 머리야."

시내가 이마를 문질렀다. 손으로 앞을 더듬어 보니 바로 앞에 뭉툭하게 바위가 튀어나와 있었다. 물이 양쪽으로 갈라져 흐르는 곳이었다. 시내가 걸음나비로 두 갈래 물길의 폭을 가늠해 보았다.

"양쪽의 폭이 똑같은데 어느 쪽으로 가야 하지?"

시내의 물음에 아무도 섣불리 대답하지 않았다. 양쪽 다 깜깜한 어둠뿐이었다.

"가만, 시내야. 이쪽에서 바람이 부는 것 같은데?"

고개를 빼고 생각에 잠겨 있던 수담이가 시내 손을 왼쪽으로 잡아끌며 말했다. 시내가 손바닥을 쫙 폈다. 강하지는 않지만 분명 바람이 부는 게 살포시 느껴졌다.

"맞아. 바람이야. 이쪽으로 가 보자. 바깥으로 나가는 길이 있는 게 틀림없어."

일행은 왼쪽 길로 방향을 정하고 다시 더듬어 가기 시작했

다. 아니나 다를까 그리 멀리 가지 않아 눈앞이 희미하게 밝아졌다.

"야호!"

누워서 흘러가던 동그라미들도 손을 들어 손뼉을 쳤다.

시내와 수담이는 빠르게 걸음을 옮겼다. 바람이 점점 더 세졌다. 모퉁이를 지나자 천장에서 하얗게 햇빛이 쏟아졌다. 갑자기 동굴 안이 환하게 밝아졌다. 모두들 동굴을 빠져나갈 수 있다는 생각에 기뻤다.

"야, 넌 빠져. 너 때문에 안 되잖아."

어디선가 느닷없는 말소리가 들렸다. 시내와 수담이는 놀라 얼음처럼 굳어 버렸다. 두 동그라미도 서둘러 양쪽 벽으로 붙어 섰다.

"아니야, 너 때문에 안 되는 거야. 네가 빠지고 나랑 얘가 들

어가면 꼭 맞는단 말이야."

  이어서 왁자지껄 싸우는 소리가 들렸다. 무슨 일인지 궁금해진 시내가 앞장섰다. 구불구불 휘어진 동굴을 따라 벽에 붙어 조심스럽게 다가갔다. 시내 뒤로 수담이와 두 동그라미가 붙어 따라갔다.

부채꼴과의 만남

한참을 가다 보니 물이 흐르는 바닥과 동굴 벽 사이에 평평하게 다듬어진 터가 나왔다. 무엇인지는 정확히 알 수 없었지만 옥신각신 싸우고 있는 도형 무리들이 보였다.

"너희들은 누구니?"

모두 위를 올려다보았다. 언뜻 보면 반쪽 동그라미처럼 생긴 것이 대롱대롱 벽에 매달려 있었다. 부채꼴들이었다. 시내와 수담이, 동그라미들이 쳐다보자 부채꼴들이 휘익휘익 바람소리를 내며 바닥으로 천천히 내려왔다.

"야, 여기 좀 봐. 여기 원이 있어."

천장에서 내려온 부채꼴 하나가 다투고 있는 부채꼴들에게

소리쳤다.

"원이라고?"

부채꼴들이 동그라미들이 있는 쪽을 바라보았다. 모두 놀란 표정들이었다. 동그라미들은 부채꼴들에게 이끌려 평평한 터로 갔다. 부채꼴들이 동그라미들을 에워싸고 신기한 듯 바라보았다.

"야, 정말 원이네."

한 부채꼴이 멋쟁이동그라미를 잡아당겼다.

"어머, 무슨 짓이니?"

멋쟁이동그라미가 소리를 질렀다.

"정말 한 몸이네. 원이야."

부채꼴이 조금 멋쩍어하며 손을 뒤로 슬쩍 빼며 말했다.

"우리는 지금 원을 만드는 중인데, 잘 안 돼. 어떻게 하면 원이 될 수 있지? 너흰 그냥 원으로 태어난 거니?"

멋쟁이동그라미는 부채꼴이 잡아당긴 곳이 꽤 아팠는지 대답 없이 눈만 흘겼다.

"부채꼴이면 원을 만들기가 쉬울 텐데, 왜?"

뒤에 서 있던 수담이가 끼어들었다.

"아니야, 잘 맞지 않아. 조금 부족하거나 조금 넘쳐."

"중심각의 크기가 360도가 되면 원이 될 수 있잖아. 그러니까 키가 같은 부채꼴끼리 모여서 360도가 되도록 중심각을 맞추면 돼."

수담이가 원이 되는 방법을 일러 주었다.

싸우던 부채꼴들은 그제야 키를 맞추어 보면서 키가 같은 친구들끼리 늘어서서 원을 만들었다.

중심각 크기가 90도인 부채꼴 넷이 모이니 금세 원이 되었다. 120도 부채꼴과 240도 부채꼴이 모여 원이 되었다. 그러자 10도, 80도, 140도 부채꼴도 어깨를 걸고 다른 부채꼴들을 불러 모았다. 부채꼴들이 서로 몸을 맞대어 원을 만들고는 즐거운 함성을 지르며 굴러갔다.

"와아! 드디어 만들었어!"

"여긴 굴러다니기엔 너무 좁아. 위로 올라가자."

한 부채꼴이 말했다.

"이야, 드디어 밖으로 나가서 구르는 거야?"

또 다른 부채꼴이 좋아하며 말했다.

"동굴 끝이 가깝니?"

시내의 물음에 부채꼴들이 고개를 저었다. 부채꼴들도 동굴 끝까지는 가 보지 않았다고 했다.

"그러면 아까 그 바람은 뭐지? 바깥 공기 아니었나?"

시내가 고개를 갸우뚱하자, 부채꼴들은 가만히 생각하더니 곧 대답했다.

"아까 우리가 춤을 추고 놀았어. 그때 바람이 일어서 전해진 거야."

"그러면 어떻게 밖으로 나가니?"

수담이가 물었다. 부채꼴들은 햇빛이 쏟아져 들어오는 위를 가리켰다. 부채꼴들이 동굴 벽을 타고 먼저 올라갔다. 몸을 뒤집어 가며 철썩철썩 벽에 붙어 잘도 올라갔다.

"우린 어떻게 올라가지?"

멋쟁이동그라미가 고개를 젖힌 채 걱정스러운 표정을 지었다. 시내와 수담이도 벽을 올려다보기만 할 뿐이었다. 그때 먼저 올라간 부채꼴들이 줄을 내려 주었다. 모두 줄을 타고 밖으로 나왔다.

동굴 밖에는 넓은 강이 흐르고 있었다. 강 둔덕도 널찍했다. 부채꼴들이 원을 만들어 구르고 놀기에 안성맞춤이었다. 부채꼴들은 중심각의 크기가 360도가 되도록 몸을 맞대 원을 만드느라 야단들이었다. 원을 이룬 부채꼴들은 동그라미들과 달리기 경주도 하며 놀았다. 깔깔거리며 이리저리 굴렀다. 그러다가 부채꼴 한 무리가 그만 또르르 둔덕 아래로 굴러 강물에 빠져 버렸다.

시내와 수담이가 놀라 뛰어갔다.

"조심해야지. 안 차갑니?"

부채꼴들의 손을 잡아 올려 주며 수담이가 말했다.

"덕분에 시원하게 목욕까지 한 거지, 뭐."

부채꼴들은 푸푸 몸을 흔들어 물기를 털어 냈다. 서로 마주 보며 큰 소리로 웃었다.

호기심부채꼴

"굴러다닐 수 있어서 좋긴 하지만 원은 좀 위험한 것 같아. 달리다가 바로 서기가 어려워."

부채꼴 하나가 심각한 얼굴로 말했다. 친구들이 원을 만드는 것을 보며 열심히 종이에다 무엇인가를 적고 있던 도형이었다. 그러다가 시내에게 다가와 물었다.

"난 호기심부채꼴이라고 해. 그런데 세모로도 원을 만들 수 있니?"

"세모들로? 글쎄…."

시내가 고개를 갸웃거리며 수담이를 보았다. 수담이도 모르겠다는 듯 고개를 저었다.

"세모들도 원을 만들 수 있으면 좋을 텐데. 그러면 같이 굴러다니며 놀 수 있잖아. 걔네는 땅에 콕콕 잘 박혀서 달리며 놀 수 없어 속상해하더라고."

호기심부채꼴은 안타까운 표정을 지으며 말했다.

"글쎄, 어려울 것 같은데. 세모는 너희들이 가진 둥근 부분인 호가 없잖아. 그나저나 세모들은 어디 사니?"

시내가 눈을 빛내며 물었다. 시내는 수담이를 향해 눈을 찡긋하며 속삭이듯 말했다.

"어쩌면 세모나라까지 가 볼 수 있을지도 몰라."

'원주를 구하는 방법을 알아내지도 못한 채 동그라미나라를 떠나도 될까?'

세모나라라는 말에 흥분한 시내와는 달리 수담이는 동그라미나라를 떠나면 집에는 돌아가지 못하지 않을까, 걱정이 앞섰다. 그런데 시내는 그런 걱정은 눈곱만큼도 없는 것 같았다.

"응. 저 강 건너 삼각주에 세모나라가 있어. 가끔 요트를 만들어 이곳까지 놀러 오곤 해."

호기심부채꼴이 연필로 종이를 톡톡 두드리며 말했다.

"삼각주?"

"응. 강물이 흐를 때 모래와 흙도 함께 흘러와 그것들이 모여서 만들어진 땅이야. 삼각형처럼 생겨서 삼각주라고 부르지."

호기심부채꼴이 종이에 그림을 그려 가며 설명해 주었다.

시내가 앞을 바라보았다. 넓은 강 저편에는 갈대가 무성하게 자라 있었다.

"저기가 세모들이 사는 삼각주란 말이지. 그런데 어떻게 저기까지 가지? 헤엄쳐서 건너기엔 너무 넓은데?"

시내가 부질없는 꿈에서 빠져나온 듯 힘없이 말했다. 하지만 시내와는 달리 수담이는 차라리 잘됐다고 생각했다.

왁자지껄하게 구르며 놀던 부채꼴들이 둔덕 위로 올라간 시내와 수담이에게 다가왔다. 멋쟁이동그라미와 빙글이동그라미도 함께 왔다.

"이럴 줄 알았으면 진작 수영 연습을 좀 더 해 놓는 건데…."

시내는 눈앞에 세모나라를 두고도 못 가게 되었다며 투덜댔다.

"강 건너는 거야 간단하지. 우리가 부채꼴이라는 걸 잊었니?"

부채꼴들이 유쾌하게 웃으며 말했다.

"어떻게?"

"바람이지, 부채 바람."

한 부채꼴이 몸을 앞뒤로 살랑살랑 흔들면서 말했다.

"야호! 같이 갈 거지?"

시내가 동그라미들을 돌아보며 말했다. 멋쟁이동그라미가 잠시 생각하더니 빙글이동그라미 얼굴을 한 번 보고 난 뒤 말했다.

"우린 구름위동그라미를 찾아가야겠어. 네모나라로 가서 그곳으로 끌려간 우리 동그라미들이 돌아올 방법을 찾을 거야. 구름위동그라미랑 같이."

멋쟁이동그라미의 말에 빙글이동그라미가 덧붙였다.

"수담이가 찾은 원이 완전한 이유도 말해 줘야지."

"그러면 우리는 여기서 헤어지는 거니?"

동그라미들이 시내와 수담이를 살포시 안았다.

"아니야. 어딘가에서 또 만날 수 있을 거야. 너희도 꼭 원주 문제를 해결하기를 바랄게."

두 동그라미는 부채꼴들과 작별 인사를 나누었다. 부채꼴들은 다시 원을 만들어 두 동그라미와 몸을 꼭 맞대고 아쉬워했다. 동그라미들이 오래오래 손을 흔들며 떠났다.

"자, 간다."

한 부채꼴이 크게 소리치자 한 줄로 나란히 선 부채꼴들이 모두 한꺼번에 있는 힘껏 몸을 흔들었다. 큰 부채를 부치고 있는 듯 바람이 일었다. 그러자 앞에 서 있던 시내와 수담이의 몸이 공중으로 부웅 떠올랐다.

"잘 가, 시내야."

"잘 가, 수담아."

부채꼴들이 계속 바람을 일으키며 소리쳤다. 그런데 바람의 힘이 너무 셌는지 시내와 수담이 바로 옆에 있던 호기심부채꼴까지 덩달아 날아가고 말았다.

깃발

"어이쿠!"

시내와 수담이가 강 건너편에 이르자 바람이 점점 약해져 그만 갈대밭으로 떨어지고 말았다. 떨어지면서 갈대에 긁혔는지 시내 무릎에 피가 살짝 비쳤다.

시내는 얼른 침을 묻혀 긁힌 부위를 문질렀다. 수담이 얼굴도 잔뜩 찌푸려져 있었다.

"괜찮니? 너 엉덩이 무겁잖아. 어디 찔리진 않았니?"

시내가 낄낄 웃으면서 수담이 손을 잡아 일으켜 주었다. 수담이는 연신 엉덩이를 두드리며 울상을 지은 채 말했다.

"어휴, 그거 되게 아프네."

"그런데 호기심부채꼴은 어디까지 날아간 거지?"

시내가 갈대를 헤치며 살펴보았다. 함께 날아온 호기심부채꼴은 보이지 않았다. 호기심부채꼴 손에 있던 종이와 연필도 찾아볼 수 없었다. 날아가면서도 꼭 쥐고 놓치지 않은 모양이었다.

"우리보다 가벼우니 훨씬 멀리 갔을 거야. 얼른 가 보자."

수담이가 엉덩이를 문지르며 앞장섰다. 시내와 수담이는 갈대숲을 헤치며 앞으로 나갔다.

이윽고 갈대숲을 벗어났다. 멀리 높이 솟은 삼각형 모양 건물과 지붕이 뾰족한 집들이 보였다.

우뚝 솟은 건물 위에 높다란 깃대가 있었다. 깃대에는 세모 모양 깃발이 바람에 펄럭이고 있었다. 마치 세모나라임을 알리고 있는 듯했다.

시내와 수담이는 아픈 것도 잊어버리고 깃발을 향해 뛰었다. 그러나 어찌된 일인지 아무리 달려도 깃발과의 거리는 가까워지지 않았다.

둘은 조금씩 지쳐 갔다. 혹시 다른 쪽에 길이 있나 싶어 갈대숲을 달리며 주위를 살폈지만 헛수고일 뿐이었다.

"혹시 신기루 아닐까?"

뛰다가 지친 수담이가 주저앉으며 말했다. 손에 잡힐 듯이 눈앞에 보이다가도 뛰어가면 꼭 그만큼 멀어져 있었다. 시내도 가쁜 숨을 몰아쉬었다.

'도대체 왜 가까이 갈 수 없는 걸까?'

종탑 위에서 혓바닥을 날름거리듯 깃발이 펄럭이고 있었다. 시내는 수담이 곁에 주저앉으며 힘없이 말했다.

"호기심부채꼴이 있으면 뭔가 도움을 받을 수도 있었을 텐데…. 세모들은 요트가 되고, 부채꼴들은 바람을 일으키며 오갔다고 했으니까 세모나라에 들어가는 길도 알고 있을 테고 말이야."

그러나 호기심부채꼴은 보이지 않았다. 시내가 멍하니 앉아서 하늘을 올려다보고 있는데 기다란 갈대 위로 새들이 날아올랐다. 그때 갈대숲을 지나는 바람 소리가 들렸다.

'쏴아 쏴아.'

싸리비로 마당을 쓰는 소리 같았다.

'그러고 보니 오늘 아침엔 마당도 안 쓸었구나. 엄마한테 꾸중 들을지도 모르겠네.'

시내는 문득 엄마 생각이 났다.

"수담아, 어쩌다가 우리가 여기까지 오게 됐지?"

새들이 날아가는 쪽을 바라보던 시내가 말했다. 그때 같이 하늘을 올려다보던 수담이가 벌떡 일어나며 말했다.

"맞아. 시내야. 우리가 동그라미나라로 들어갈 때 운동화로 원을 그리고 있었잖아."

"그래, 맞아! 손을 맞잡고 빙빙 돌았지. 그러다가 동그라미 나라로 왔고."

시내도 큰소리로 맞장구를 치며 일어났다. 시내는 갈대 줄기를 꺾어 삼각형을 만들었다. 수담이도 뾰족한 돌멩이 하나를 주워 삼각형을 그렸다. 변이 세 개, 각이 세 개, 꼭짓점도 세 개.

"수담아, 삼각형에 대해서 뭐가 궁금하니?"

갈대 줄기로 만든 세모를 든 채로 시내가 수담이에게 말했다. 수담이가 고개를 들었다.

"일부러 궁금한 걸 찾으려니까 생각이 잘 안 나네."

　세모나라에 들어갈 길도 없고, 다시 동그라미나라로 돌아갈 수도 없어 마음이 급해졌다.

　"집에도 못 가고 이게 뭐야."

　뾰로통해진 수담이의 아랫입술이 삐죽 위로 올라왔다. 입술이 삼각형 모양이 되었다.

　"이래저래 삼각형이 골치 아픈 문제군."

　시내는 삼각형 문제를 못 풀어서 고생했던 기억을 떠올리며 투덜댔다. 그때였다.

　"시내야, 저기 좀 봐!"

　세모나라까지 이어진 길이 눈앞에 펼쳐졌다. 그토록 찾아 헤맬 때는 오리무중이던 길이 눈앞에 선명하게 나타난 것이었다.

　시내와 수담이는 다리가 아픈 것도 잊고 세모나라를 향해 내달렸다.

콕콕, 팔짝팔짝

"어서 와, 끝내 못 오는 줄 알았어."

"내가 이겼지? 들어올 줄 알았다니까."

모여 있던 세모들이 저마다 한마디씩 하며 뛰어오는 시내와 수담이를 반갑게 맞았다.

세모들은 뾰족한 머리로 시내와 수담이를 콕콕 찌르기도 하고 손을 잡고 팔짝팔짝 뛰기도 했다. 시내와 수담이는 그들만의 인사법이 조금 낯설었지만 아랑곳하지 않았다. 세모나라에 들어온 것만으로도 기뻤다.

둘은 가쁜 숨을 몰아쉬며 세모들과 한참 동안 인사를 나누었다.

'그런데 우리가 온다는 건 어떻게 알았을까? 호기심부채꼴이 미리 와서 얘기를 했나?'

수담이는 주위를 두리번거렸다.

"혹시 부채꼴 못 봤니?"

수담이가 까치발을 들고 두 사람을 에워싼 세모들 너머까지 둘러보며 물었다.

"부채꼴이라니? 저 강 건너에 사는 아이들 말이지? 안 왔는데."

세모들이 고개를 저었다.

"어찌 된 것일까? 혹시 떨어지면서 사고가 났나?"

수담이가 근심 어린 얼굴로 시내에게 말했다.

"아니야, 그렇진 않을 거야."

시내는 걱정하지 않아도 된다는 표정으로 대답한 후 세모들에게 물었다.

"얘들아, 우리랑 함께 날아온 도형 못 봤어? 종이랑 연필을 들고 있었는데."

"아하. 아까 우리에게 너희들이 곧 올 거라고 얘기해 준 아이가 있었어. 저기 뾰족탑에서 미끄럼을 타고 내려오던걸. 그런데 그 아이도 세모던데? 종이랑 연필을 들고 있긴 했지만,

부채꼴은 아니었어."

세모 중 하나가 대답했다.

"세모라고? 그럴 리가 없는데…."

시내가 두 눈을 동그랗게 뜨고 말했다.

"그 세모는 아까 장터 쪽으로 갔어."

"장터?"

"그래, 오늘이 우리 세모나라 장날이거든."

깜찍이세모가 명랑한 소리로 말했다.

그때였다.

"찡쨍찡쨍쨍 쨍그랑 쨍그랑."

아주 맑고 고운 음악 소리가 울렸다.

"야아, 이제 시작하나 보다. 빨리 가 보자."

세모들이 소리치며 우르르 몰려갔다. 시내와 수담이도 덩달아 뒤따라갔다.

장터에는 온갖 모양의 세모들이 모여 있었다. 이것저것 물건들을 사고파느라 떠들썩했다. 곡식을 파는 곳, 빛깔 곱고 향기로운 과일들을 파는 곳, 뾰족한 세모꼴의 연장을 파는 곳, 샌드위치를 파는 곳도 있었다.

넓은 장터를 두 팔로 감싸 안듯 양쪽에 뾰족지붕을 한 집들이 늘어서 있었다. 그 집들 한가운데에는 뾰족탑이 있는 건물이 자리잡고 있었다.

뾰족탑 앞에는 크기가 다른 트라이앵글이 주렁주렁 매달려 있었다. 어른 키만큼 큰 것부터 아기 손안에 들어갈 만한 작은 것까지. 키가 큰 세모들이 세모꼴로 서서 연주하고 있었다. 각각의 트라이앵글마다 조금씩 다르게 울리는 맑은소리는 서로 어울리며 아름답게 울려 퍼졌다.

시내와 수담이는 깨끗하고 맑은 음악 소리에 넋을 잃을 지경이었다. 싱긋이 웃음을 머금고 연주하는 세모들의 몸짓도 소리만큼 아름다웠다.

살랑살랑 바람이 불자 연주자들이 손을 거두었다. 트라이앵글들은 바람에 몸을 실어 이리저리 흔들렸다. 저희끼리 부딪쳐 색다른 음을 피워 냈다. 장터의 세모들이 모두 모여들어 바람의 멋진 연주를 구경했다.

어느덧 바람이 멎고 흔들리던 트라이앵글도 멈추었다. 음악 소리도 여운을 남기며 사라져 갔다.

세모의 사랑

"여러분, 오래 기다리셨습니다. 이제부터 우리 세모나라의 결혼식이 있겠습니다. 자, 결혼을 꿈꾸는 청춘 남녀들은 모두 입장하십시오."

단상 위로 올라간 한 세모가 말하자 박수 소리가 크게 울렸다. 손에 손을 잡은 세모들이 줄을 서서 가운데로 입장했다. 모두 허리를 곧게 세운 직각삼각형이었다.

트라이앵글 연주가 다시 울려 퍼졌다. 두 겹의 세모꼴로 늘어선 직각삼각형들이 손뼉을 치며 흥겹게 춤을 추기 시작했다.

빙글빙글 몸을 돌려가며 춤을 추다가 마주 선 직각삼각형과 빗변을 대 보았다. 두 직각삼각형의 빗변이 꼭 맞으면 짝이 되었다. 맞지 않으면 돌아서서 엉덩이를 톡톡 부딪치고는 서로 엇갈려 앞으로 나갔다.

'마치 체육 시간에 짝꿍과 해 본 포크댄스 같잖아.'

수담이는 속으로 생각하며 상대를 바꿔 가며 춤을 추는 직각삼각형들을 부러운 듯 쳐다봤다.

"여러분, 기뻐해 주십시오. 드디어, 드디어 한 쌍이 태어났습니다."

사회자의 외침이 끝나자 빗변이 꼭 맞는 직각삼각형 둘은 직사각형이 되어 춤을 추며 단상으로 올라갔다.

"아, 경사입니다. 두 직각삼각형이 짝을 이뤄 하나의 직사각형이 되었군요."

시내와 수담이도 손바닥이 아프도록 손뼉을 쳤다. 빗변을 대고 있는 세모들이 이룬 사각형은 직사각형 모습이었다.

"결혼이란 참 좋은 것이지요. 하나의 기적입니다. 여기에 선 두 쌍의 세모들은 이젠 넓이를 계산할 때 반으로 나누지 않아도 됩니다. 그렇지요?"

"네!"

구경꾼들이 상기된 표정으로 소리 높여 대답했다.

"맨 앞에서 춤을 추고 있는 신혼부부에게 시험 삼아 한 번

물어볼까요? 부부의 넓이가 얼마나 되지요?"

"밑변의 길이가 5, 높이가 8이니 40입니다."

에워싼 세모들이 모두 '와아!' 하고 소리쳤다.

"그렇습니다. 이 두 세모는 그동안 넓이를 잴 때면 밑변에 높이를 곱한 값인 40을 꼭 반으로 나누어야 했습니다. 우리 세모들의 숙명이지요. 그러나 이젠 온전히 넓이 40만큼의 새로운 부부로 태어난 것입니다. 자, 그 뒤에 있는 부부. 아주 드물게 정사각형을 이룬 직각이등변삼각형 부부입니다. 부부의 넓이는 얼맙니까?"

"네. 밑변과 높이가 모두 6이니 36입니다."

"여러분, 36이라고 합니다."

세모들이 모두 손뼉을 쳤다. 사회자도 흥에 겨운지 살짝살짝 몸을 흔들었다. 많은 세모들이 서로 엉켜 춤을 추었다.

"좋겠다. 나도 어서 커서 결혼했으면!"

시내 옆에 서서 같이 구경하던 깜찍이세모가 말했다. 부러움이 가득한 얼굴이었다.

"얘는, 아직 꼬마가 징그럽게…."

시내가 비죽비죽 웃으며 깜찍이세모에게 말했다.

"뭐가 징그러워? 결혼이 징그럽단 말이야?"

"쪼그만 게 자꾸 결혼 얘기는! 결혼이 장난인 줄 아니? 그리고 저런 결혼이 뭐가 좋으니? 기껏해야 같은 꼴로 생겼다는 이유로 함께 살아야 하는 거 아니니? 하긴 옛날 우리 어른들은 부모님이 정해 주신 대로 얼굴 한 번 못 보고 결혼하기도 했다고 하더라만."

시내가 퉁명스럽게 말했다. 깜찍이세모는 시내를 빤히 쳐다보며 쏘아붙였다.

"그게 무슨 말이야? 같은 꼴이 되기가 얼마나 힘든데. 오늘 결혼한 저 직각삼각형들은 오랫동안 서로 노력한 거라고. 사랑하는 사람과 똑같은 몸을 만들려고. 우연히 같은 꼴을 만난 게 아니란 말이야."

깜찍이세모는 시내와 수담이에게 세모나라에 오랫동안 이어져 내려온 전통을 이야기해 주었다.

"어린 세모들은 자라면서 조금씩 자기 몸을 바꿀 수 있어. 정삼각형이 되고 싶으면 몸이 유연한 어린 시절부터 세 변의 길이가 같게 되도록 몸을 만들어. 이등변삼각형°이 되고 싶으면 두 변의 길이가 같아지게끔 꾸준히 조절해."

"말이 돼?"

시내가 한마디 하려고 입을 떼자 깜찍이세모가 눈을 부라렸

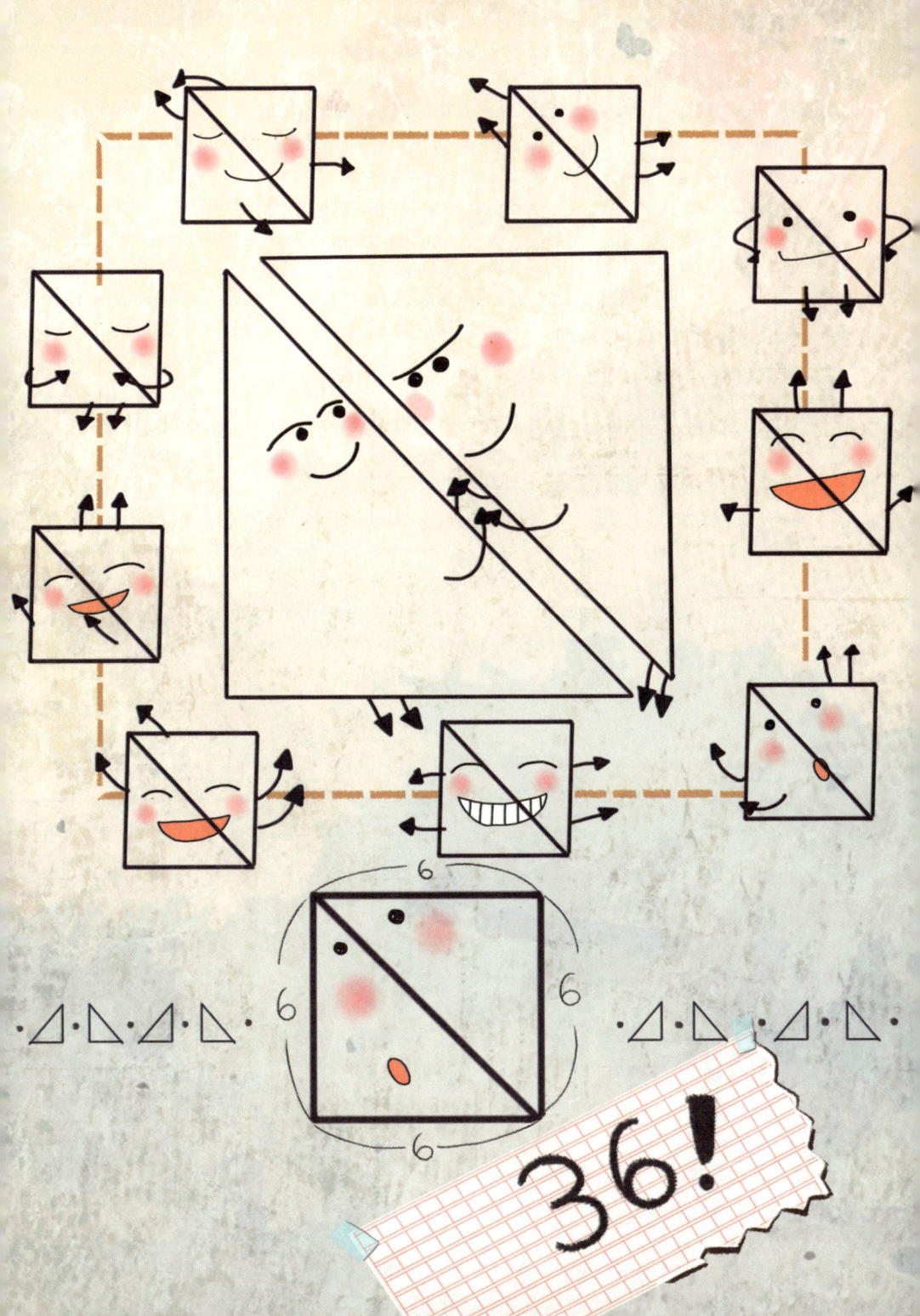

다. 수담이가 황급히 손으로 시내의 입을 막았다.

"사랑하는 사람이 생겼을 때 세모들은 허리를 곧추세워 두 변이 서로 직각이 되도록 애를 써."

"왜?"

"세모나라에서는 직각삼각형만 결혼할 수 있거든. 사랑하는 세모가 생기면 함께 빗변을 맞추어 나가. 그렇게 둘이 서로 노력하다 보면 어느 순간, 기적처럼 두 사람의 빗변이 똑같아진대. 그러면 결혼을 할 수 있는 거지."

세모나라의 일주일

"다음 장엔 더 많은 쌍이 나올지 몰라. 그때도 너희가 함께 있었으면 좋겠다."

행사장을 빠져나가던 시내와 수담이를 따라오던 깜찍이세모였다.

"다음 장날까지? 안 돼, 5일이나 어떻게 기다려?"

"5일이라니? 장은 이틀 후에 열려."

깜찍이세모의 말을 듣고 보니 시내는 문득 곧 다시 장이 열린다는 사회자 말이 생각났다.

"우리 세모들은 하루는 농부는 농부대로, 목수는 목수대로 자신이 맡은 일을 열심히 해. 그다음 날은 장에 나와 물건을

교환하거나 사고팔아. 그리고 장이 열린 다음 날은 모두 집에서 푹 쉬는 거야. 다음날 다시 열심히 일할 수 있게."

"그럼 일주일이 3일이라는 얘기네. 하루 일하고, 하루는 장을 보고, 또 하루는 쉬고?"

시내는 깜찍이세모 말을 듣고 아빠와 엄마 생각이 났다. 시내는 저녁이면 엄마의 등을 두드려 드리고 팔다리를 주물러 드리곤 했다. 등 위에 올라 잘근잘근 밟으면 아빠는 "어이, 시원하다, 시원해."라고 말씀하시곤 했다.

하루도 쉬지 않고 등이 휘도록 일을 하시는 엄마 아빠 생각을 하니 세모들 생활이 부럽기도 하고 한편으로 약이 오르기도 했다.

"그럼 하루 일하고 이틀이나 쉰다는 거네?"

시내가 놀라 묻자, 수담이도 맞장구를 치며 말했다.

"맞아. 장터는 일터가 아니라 놀이터던데. 너희 세모들은 장터에 나와서 물건을 사고파는 것보다 같이 노래하고 춤추는 걸 더 오래 하잖아."

시내와 수담이가 둘 다 눈을 동그랗게 뜨고 깜찍이세모에게 따지듯 말했다.

너희 세모들은 모두 게으름뱅이

아니냐며 손가락질이라도 하고 싶었다.

그러나 수담이와 시내가 모르는 것이 있었다. 세모들이 사는 삼각주는 아주 기름진 땅이어서 풍성한 수확을 안겨 준다는 것, 땅이 비옥하기도 하지만 세모들은 땅이 주는 선물을 감사하게 받아들인다는 것, 그래서 아주 작은 것도 아껴 쓰면서 꼭 필요한 만큼만 땅을 이용한다는 것, 더구나 더 부자로 살기 위해서 욕심을 부려 땅을 무리하게 개발하는 어리석은 짓은 생각지도 않는다는 것을 알 리가 없었다.

어떻게 하면 더 많은 것을 생산할 수 있을까, 어떻게 하면 더 많이 갖게 될까, 어떻게 하면 남보다 더 앞설 수 있을까를 생각하며 욕심 부리고 경쟁하는 세상에서 살아왔기 때문이다. 설사 다른 가치를 갖고 살아가는 세모들의 생활을 알았다고 해도 그들을 온전히 이해할 수는 없었을 터였다.

"열심히 일해야 잘살 수 있는 거야. 그렇게 놀기만 하면 되겠니?"

시내는 깜찍이세모에게 타이르듯 말했다.

"우리 세모들은 열심히 일해. 그래서 모두 잘살고 있어. 함께 누리고 즐기지 않으려면 왜 일하는 건데?"

깜찍이세모가 이해할 수 없다는 표정으로 물었다.

깜찍이세모가 묻자 당황한 듯 시내는 슬며시 고개를 들어 장터 안을 오가는 세모들을 살폈다. 정말 모두 따뜻하고 느긋한 표정들이었다.

싱글벙글 웃는 얼굴에는 전혀 구김살이 없었다. 부모님 얼굴에서 늘 떠나지 않는 근심 같은 건 한 자락도 보이지 않았다.

시내는 할 말을 잃었다. 수담이도 공연히 주눅이 들었다. 깜찍이세모만 계속 재잘대며 세모나라 자랑에 열을 올렸다.

둔각이 두 개인 세모

"낑낑!

시내와 수담이는 깜찍이세모 말을 곱씹으며 걷다가 이상한 광경을 보게 되었다. 한 각이 90도가 넘는 둔각세모가 끙끙대고 있었다.

둔각세모˙는 낯선 이들이 가까이 다가갔는데도 전혀 신경 쓰지 않았다. 끙끙 힘을 쓰느라 얼굴만 점점 더 붉어지고 있었다.

"뭐 하는 거니?"

깜찍이세모가 물었다. 그제야 둔각세모는 쑥스러운 듯 훌훌 몸을 흔들어 힘을 빼고는 깜찍이세모를 콕콕 찔러 인사를 했다. 시내와 수담이를 보고는 씨익 웃었다.

"여기서 혼자 뭐 하고 있는 거야?"

깜찍이세모가 말했다.

"응. 여기 말고 이 각도 둔각으로 만들어 보려고 하는 데 잘 안 되네."

둔각세모가 자신의 몸에서 둔각이 아닌 각을 가리키며 말했다.

"어떻게 했는데?"

깜찍이세모가 흥미로운 얼굴로 물었다.

"응. 이쪽 각을 이렇게 벌려 보는 거지 뭐. 그런데 가까스로 둔각이 되었다 싶으면 어느새 원래 둔각이었던 저쪽 각이 팍 쪼그라드는 거야. 알 수 없는 일이네. 둔각이 두 개인 삼각형! 얼마나 멋지니? 우리 세모나라에서 가장 희귀한 세모가 될 수 있을 텐데."

"뭐? 둔각이 두 개인 삼각형을 만들려고 그렇게 힘을 쓰고 있었어?"

수담이가 놀라서 끼어들었다.

"그런 삼각형은 없어."

"아니야. 우리 세모는 위대해. 만들 수 있어."

"아니야. 밀가루 반죽이라면 몰라도 세모로는 안 돼."

시내도 한마디 거들었다.

"왜 안 되는 건데?"

둔각세모가 심각한 목소리로 물었다.

"삼각형 내각의 크기의 합이 180도잖아. 그런데 90도가 넘는 각이 어떻게 두 개가 될 수 있겠니?"

둔각세모는 불만 가득한 얼굴로 대답했다.

"우리 세모들은 모두 내각의 합이 180도란 말이지? 뚱뚱한 삼각형이나 홀쭉한 삼각형이나?"

깜찍이세모도 여전히 의심쩍은 얼굴로 물었다.

"그렇지. 모든 삼각형은 세 각을 합치면 180도가 돼. 그게 너희 세모의 특성인걸."

수담이가 자상하게 말해 주었다.

"그럼 내가 아무리 애를 써도 안 된다는 말이야?"

둔각세모는 둔각이 두 개인 삼각형은 만들 수 없다는 사실에 절망한 표정이었다.

"둥근 세상을 찾아가. 수박처럼 둥근."

시내가 둔각세모를 위로하며 말했다.

"둥근 세상?"

깜찍이세모와 둔각세모의 눈이 휘둥그레졌다.

"응. 수박 위에서는 세 각의 합이 180도보다 큰 삼각형을 그릴 수 있어. 그런 세상을 찾아가면 되지."

"그래? 거길 찾아 당장 떠날 테야!"

시내의 말에 둔각세모 얼굴이 환해졌다.

"그나저나 부채꼴은 도대체 어디로 간 걸까?"

둥글다는 말에 호기심부채꼴이 생각난 듯 수담이가 하늘을 바라보며 말했다.

"정말, 그런데 부채꼴이 어떻게 세모가 되었을까?
아까 세모들 얘기를 들으면 호기심부채꼴이 세모가 된 게 분명하잖아."

시내의 말에 수담이는 '설마!' 하고 고개를 저으며 혹시 부채꼴들도 이 세모들처럼 힘을 주면 몸을 자유롭게 조절할 수 있는 건 아닐까 생각했다.

"부채꼴하고 세모들, 혹시 밀가루 반죽으로 만들어진 거 아냐?"

시내의 입에서 밀가루 반죽 이야기가 또 나오자 깜찍이세모가 발끈했다.

"밀가루 반죽이라니?"

깜찍이세모가 시내를 째려보았다.

"그렇잖아, 몸을 마음대로 이리저리 늘였다 줄였다 하다니 말이야. 아메바라는 단세포동물도 그렇다던데."

시내가 짓궂게 킥킥거리자 깜찍이세모가 씩씩거렸다.

"괜찮아. 인간 세상에서도 신이 사람을 진흙으로 빚었다고 믿는 사람들도 있어. 화내지 마."

수담이가 시내에게 눈총을 주며 세모를 달래듯 말했으나 세모는 눈을 부릅뜨고 시내에게 소리쳤다.

"너, 우리 세모를 얕보고 그런 말을 한 거지, 그렇지? 밀가루 반죽에다 단세포동물이라고? 이리 와 봐."

깜찍이세모는 독립투사 같은 당당한 발걸음으로 앞장섰다.

시내는 장터 구경을 더 하고 싶다는 듯 수담이를 바라보았다. 수담이는 깜찍이세모에게 미안했던지 딴전을 피웠다. 시내는 군말 없이 수담이와 깜찍이세모 뒤를 따라갈 수밖에 없었다.

위대한 세모

깜찍이세모는 장터를 벗어나 강가로 갔다. 시내와 수담이가 날아 넘어왔던 강과는 반대 방향이었다. 그림같이 펼쳐진 흰 모래톱 앞에는 푸른 강물이 흐르고 있었다.

"야아, 이쪽은 또 전혀 다른 세상 같네."

시내는 눈 앞에 펼쳐진 풍경을 보며 탄성을 질렀다. 강은 삼각주의 꼭짓점을 기점으로 해서 갈라지면서 사뭇 다른 풍경을 보여 주었다.

'한쪽은 갈대가 서걱거리고 철새가 나는데 다른 한쪽은 이렇게 고운 모래톱이 펼쳐져 있다니….'

"저기에 가 보면 우리 세모들이 얼마나 위대한지 알 수 있을 거야."

깜찍이세모가 의기양양하게 말했다. 시내와 수담이는 깜찍이세모를 따라 모래톱을 걸었다.

모래밭 위에는 도형들이 여기저기 흩어져 있었다. 고즈넉이 앉아 햇빛을 쐬는 도형이 있는가 하면, 서로 엉겨 붙어 씨름 비슷한 경기를 하는 도형들도 있고, 수영하는 도형들도 있었다. 놀라운 것은 그들이 세모만이 아니라는 것이다. 평행사변형, 사다리꼴, 오각형, 시내가 가끔 공책에 그리는 것과 똑같은 별 모양의 도형 등 온갖 모양의 평면도형들이 모여 있었다.

'여기는 또 다른 나라인가?'

'동그라미들은 여길 와 봤을까?'

시내와 수담이 머릿속에는 여러 가지 생각들을 떠올랐다.

"우리 세모들은 장날 장터에서 볼일을 마치고 나면 여기 강변에 모여서 놀곤 해."

깜찍이세모가 말했다.

"다른 도형들은 어디서 온 거니?"

시내가 물었다.

"다른 도형이라고? 세모나라엔 세모들만 살아. 저기 있는

도형들도 다 세모들이야."
 깜찍이세모의 대답에 시내와 수담이는 눈을 비비며 다시 쳐다보았다.
 "우리 세모는 위대하다고 했잖아. 우리 세모는 도형의 시작이자 모든 것이라고 어른 세모들은 늘 말씀하셨어. 두 개의 선

분을 가지고는 다각형을 만들 수 없잖아. 다각형이 되려면 선분이 적어도 세 개는 있어야지. 그래서 삼각형은 도형의 기본이야. 삼각형은 얼마든지 다른 도형을 만들 수가 있어."

깜찍이세모는 의기양양한 말투로 말했다.

'아니 저기 저렇게 천연덕스럽게 앉아서 일광욕하는 저 다양한 도형들이 전부 세모라고?'

시내와 수담이가 놀란 눈으로 그들을 휘둘러보았다. 그때 한 세모가 반갑게 손을 흔들며 시내와 수담이를 향해 뛰어왔다. 그 세모는 종이와 연필을 들고 있었다. 그제야 세모의 정체를 눈치챈 시내와 수담이도 마주 달려갔다.

"어떻게 된 거니? 얼마나 찾았는데."

시내가 반갑게 말했다. 그 세모는 바로 시내와 수담이와 함께 날아왔던 호기심부채꼴이었다. 그런데 호기심부채꼴의 모습이 무언가 이상했다. 수담이가 놀라서 아랫부분을 내려다보았다. 둥그런 호 부분이 평평해져 있었다. 수담이의 눈길을 느꼈는지 호기심부채꼴이 아래를 내려다보며 말했다.

"아, 땅에 떨어지면서 너무 긴장했던가 봐. 다리에 힘을 팍 주었더니 이렇게 퍼졌어."

호기심부채꼴이 중심각 부분을 들이대며 콕콕 수담이의 옆구리를 찔렀다. 어느새 세모들의 인사법을 배운 모양이었다.

"그럼, 이제 다시 부채꼴이 될 수 없는 거니?"

시내가 물었다.

"하하. 다리에 힘을 빼고 평소처럼 가만히 있으면 다시 둥그렇게 돼."

호기심부채꼴이 다리에 힘을 빼 보여 주었다. 정말 팽팽했던 밑변은 다시 둥그렇게 휘어진 호가 되었다. 지켜보던 시내가 피식 웃으며 한마디 했다.

"어쩔 수 없는 밀가루 반죽이군."

수담이가 놀라 얼른 시내를 꼬집었다. 다행히 깜찍이세모는 강물 쪽으로 눈을 돌려 갖가지 도형들을 바라보느라 듣지 못한 듯했고, 호기심부채꼴은 전혀 개의치 않는 표정이었다.

호기심부채꼴이 종이를 흔들며 흥분한 목소리로 말했다.

"세모들은 정말 놀라워. 온갖 도형을 다 만들 수 있는 것 같아. 직각삼각형이나 직각이등변삼각형 둘이 만나서 직사각형과 정사각형 만드는 것은 기본이고, 어떤 삼각형은 넷이 모여서 평행사변형도 만들고 사다리꼴도 만들어."

호기심부채꼴은 연신 종이를 들여다보며 세모들이 만든 다양한 도형들을 신기해하며 말했다. 거기엔 세모들이 모여 만든 온갖 다각형들이 그려져 있었다.

"이건 뭐야?"

수담이가 그중에 하나를 손가락으로 짚으며 물어봤다.

"저쪽에 있던 삼십육각형이야? 처음에는 동그라미인 줄 알았다니까."

"뭐라고? 동그라미인 줄 알았다고?"

시내와 수담이가 깜짝 놀라며 동시에 소리쳤다.

"응. 왜?"

의외의 반응에 호기심부채꼴이 깜짝 놀랐다. 목을 움츠리며 기어들어 가는 목소리로 대답했다.

"한 각이 10도인 이등변삼각형 36개가 모였더니 동그라미인 줄 알았다고?"

수담이가 모래밭에 한 각이 10도인 이등변삼각형을 그려 놓고 뚫어져라 쳐다보며 말했다. 시내도 뒤통수를 맞은 듯한 표정으로 수담이가 그려 놓은 도형을 보았다.

호기심부채꼴이 종이를 접으며 들뜬 목소리로 말했다.

"아까, 삼십육각형을 보고 든 생각인데, 내가 보통 때는 부채꼴이었다가 다리에 힘을 줘서 쭉 펴면 삼각형이 되잖아. 만약 부채꼴이 더 가느다랗다면 다리에 힘을 줬을 때와 뺐을 때 별로 차이가 안 날 것 같아."

"그러면 가느다란 세모들이 많이 모여 꼭짓점을 맞대고 둥글게 서면 원과 똑같다고 생각할 수 있다는 말이네?"

시내와 수담이는 머릿속에서 가느다란 세모들로 원을 만들어 보느라 분주했다. 호기심부채꼴은 감격스러워 한 마디 덧붙였다.

"세모들은 정말 위대해!"

깜짝이세모는 시내와 수담이를 보며 우쭐한 표정을 지으며 말했다.

"거봐! 내가 뭐랬어?"

원주

 어느덧 모래밭에서 놀고 있던 온갖 세모들이 웅성거리고 있는 일행을 둘러쌌다.
 "우리가 동그라미를 만들 수 있다는 생각은 못 하고 살았는데…."
 무리 중 한 세모가 말을 건넸다. 그러자 모두들 고개를 끄덕거리며 신기해했다.
 "그럼, 우리 한 번 동그라미를 만들어 볼까요?"
 깜찍이세모가 신이 나서 외쳤다. 그러자 가느다란 세모들이 모여 꼭짓점을 맞추며 둘러섰다.
 "아니, 아니. 두 변이 같은 세모들만 오셔야지요. 우리 부채꿀처럼요."

자신이 가느다랗다고 생각한 세모들이 아무나 모여들자 호기심부채꼴이 다시 한번 설명했다. 여기에 시내가 한마디 더 보탰다.

"꼭지각이 10도인 세모들만 오세요."

그러자 꼭지각이 10도이면서 두 변이 같은 세모들이 하나둘 꼭지각을 들이대며 모였다.

"아직 두 명 더 올 수 있어요."

수담이도 신이 나서 외쳤다. 이윽고 빙 둘러선 세모들이 모여 원 모양이 완성되었다. 가까이 지켜보던 세모들이 약간 멀리 물러서더니 진짜 원같이 보인다고 감탄을 했다. 시내와 수담이도 몇 발자국 뒤로 가서 보았다.

"시내야, 이등변삼각형 36개가 모이니까 정말 원과 똑같다. 그럼 원주 구하는 건 식은 죽 먹기야."

원주를 구할 수 있는 길이 보이자 수담이의 입이 벌어져서 다물어질 줄을 몰랐다. 어쩌면 이제 곧 집에 돌아갈 수 있다는 생각까지 들자 기분이 더 좋아졌다.

"그래, 이등변삼각형의 밑변의 길이들을 모두 더하면 원주가 되겠네."*

시내도 웃음꽃이 활짝 핀 채 말했다. 생각지도 않게 원을 만들 수도 있다는 깨달음을 얻은 세모들은 더욱 신이 났다. 각이 큰 세모들이 여럿 모여서 원처럼 둘러섰다가 웃음거리가 되기도 했다. 꼭지각이 1도인 세모들이 모여서 원 모양을 만들려다가 360명을 채우지 못하자 꼭지각이 2도인 세모까지 모여 원 모양을 만들기도 했다. 꼭지각이 1도인 세모들로 만들어진 모양은 가까이에서 봐도 정말 원과 똑같이 보였다.*

모래밭에는 어느새 사다리꼴, 오각형, 칠각형은 보이지 않고 모두 각을 맞대고 서서 원 만드는 놀이에 푹 빠져 있었다. 중간중간 삐죽 각이 튀어나온 원, 들쭉날쭉 찌그러진 원, 크고 작은 원들이 너무 많아 어지럽기까지 했다.

시내와 수담이는 너무나 어지러워 두 눈을 꼭 감았다. 빙글빙글 몸이 돌아가는 것처럼 느껴졌다. 노을빛이 붉게 퍼져 가는 강물과 모래톱, 넓은 벌판과 동그라미나라, 세모나라가 발 아래에서 소용돌이치며 점점 작아졌다.

어디선가 "음매" 하는 누렁소 울음소리가 들려왔다.
"이제 괜찮아. 눈을 떠 봐."
누군가 낮게 속살거리는 소리에 시내와 수담이가 가느다랗게 눈을 떴다.

"어, 여기는…."

"동그라미들은 어디 갔지? 세모들은?"

시내와 수담이가 눈을 비비며 주위를 둘러보았다. 말뚝에 묶인 누렁소가 반갑다는 듯이 시내를 쳐다보고 있었다.

"누렁이 눈동자에 멋쟁이동그라미가 숨어 있을지도 몰라!"

"깜찍이세모는 어디에 숨어 있을까?"

시내와 수담이가 말뚝에서 고삐 줄을 풀며 이리저리 두리번거렸다. 누렁소는 큰 눈을 끔벅거리기만 했다.

쫓기는 어린 네모

다음 날 아침 일찍 시내와 수담이는 학교 뒷산으로 향했다.
"동그라미나라로 가는 길을 찾을 수 있을까?"
"난 세모나라 강변에서 세모들이랑 또 놀고 싶어."

꿈결 같은 시간을 떠올리며 걷다 보니 어느새 산꼭대기였다. 야트막한 산이지만 꼭대기에서는 반대편으로 드넓게 펼쳐진 바다가 한눈에 들어왔다. 그곳은 시내가 도시로 떠난 친

구들이 보고 싶을 때면 한달음에 뛰어 올라오는 곳이었다.

"수담아, 이 꽃 좀 봐."

시내가 수담이에게 패랭이꽃을 가리키며 말했다.

큼직한 돌 틈에 꽃이 많이 피어 있었다. 한 줌도 안 되는 흙에 뿌리를 내린 패랭이가 여린 줄기마다 앙증맞은 꽃을 피워 올리고 있었다.

수담이는 꽃에는 그다지 관심이 없었다. 어버이날에 카네이션을 살 때만 반짝할 뿐이었다. 꽃에 푹 빠져 있는 시내를 더욱 이해할 수 없었다. 수담이 눈에 꽃이 만발한 이 언덕은 게임 화면 속 자동차 경주로처럼 보일 뿐이었다.

수담이는 문어처럼 생긴 경주용 자동차를 타고 여기저기서 날아드는 물풍선을 피해 꽃이 만발한 경주로를 달렸다. 옆 차에 밀려 절벽으로 떨어질 것처럼 몸이 순간적으로 휘청거리기도 했다. 컴퓨터 마우스를 누르듯 손가락을 까딱거리며 시내를 따라 걸었다.

시내와 수담이가 그렇게 서로 딴생각을 하며 걷고 있을 때였다. 어디선가 갑자기 바람이 불더니 시끄러운 발소리가 들렸다.

"저쪽이다. 잡아라!"

깜짝 놀란 시내와 수담이가 뒤돌아보았다. 어린 네모가 급히 달려오며 빨리 도망가라는 듯 다급한 손짓을 했다. 시내와 수담이는 얼떨결에 함께 뛰기 시작했다.

"무슨 일이야? 너는 누구니? 네모난 도형 같은데…… 어떻게 인간 세상으로 왔니?"

궁금증을 참지 못한 시내가 숨을 헐떡거리며 물었다.

"나야, 네모짱. 기억 안 나? 우리 네모나라에서 같이 잡혔었잖아."

섭섭함이 가득 묻은 말이 네모짱의 입에서 나왔다.

'이게 무슨 말이지? 우린 네모나라에 간 적이 없는데, 너랑 같이 잡혔었다니….'

시내와 수담이는 어리둥절했다. 누군가 쫓아오는 소리는 더 가깝게 들려왔다.

"우, 우리가 왜 잡혔는데?"

시내는 숨을 헉헉거리며 계속 물었다.

"신성한 숲에 들어갔었잖아. 다시 잡히면 살아남기 어려울 거야."

네모짱은 점점 더 모를 소리만 했다. 하지만 목숨이 걸렸다는 말을 듣는 순간, 시내와 수담이의 다리가 저절로 빨라졌다.

작은 뒷산은 숨을 만한 곳, 도망칠 곳이 마땅치 않았다. 시내는 샛길로 빠져 학교 쪽으로 방향을 틀었다.

"이쪽으로 돌아서 학교로 가자. 거긴 숨을 곳이 많아."

이제 살았나, 싶은 것도 잠깐이었다. 빠르게 뒤쫓아오던 직사각형 하나가 가장 뒤처져 있던 네모짱을 덮쳤다. 그 순간 네모짱은 들고 있던 종이 한 장을 수담이 주머니에 잽싸게 구겨 넣었다.

직사각형과 네모짱, 수담이가 한꺼번에 뒤엉켜 버렸다. 그 바람에 시내까지 순식간에 산비탈로 굴러떨어졌다.

『달려라 사각바퀴야』로 계속됩니다.

수학 속으로

45쪽 | 원은 반지름에 의해 결정되는 건가요?

원은 오직 반지름에 의해 결정돼요. 지름의 반지름의 2배이니까 지름에 의해 결정된다고 해도 되는 거죠. 반지름이 같은 원은 모두 똑같고, 반지름이 다른 원은 모두 크기만 다르지 모양은 같아요.

그러나 다각형들은 대부분 그렇지 않죠. 변의 길이가 같아도 모양이 다를 수 있거든요.

54쪽 | 원주율이 뭐예요?

원주율! 좀 어려운 말이죠? 원주(圓周)란 '원둘레'를 말해요. 그러니까 '원주율'이란 원둘레와 지름의 비율(比率)을 뜻해요. 원주율, 즉 3.141592…는 원둘레 길이를 지름으로 나눈 값이에요. 소수점 아래로 무한히 계속되는 수인 거죠. 0.654121212……처럼 소수점 아래의 수가 반복되지 않고 계속되는 거죠. 때문에 고대부터 원주율 값을 정확하게 구하려는 경쟁이 끊이지 않았어요. 컴퓨터가 개발된 이후에는 손으로 계산할 때와는 비교할 수 없을 정도의 엄청난 속도로 원주율 값을 계산할 수 있게 되었어요. 그래서 지금은 컴퓨터 성능을 시험하는 잣대로서의 의미가 더 커요. 원주율을 계산시켜 오류가 없는지, 원주율의 값(예를 들어, 소수점 아래 10억 자리까지)을 얼마나 빨리 계산해 내는지 확인하는 방법으로 컴퓨터 성능을 가늠하기도 한답니다.

63쪽 | 원을 완전한 도형이라고 하는 이유는?

원은 중심을 지나는 모든 선에 대해서 대칭이에요. 중심을 지나는 선으로 접으면 양쪽이 똑같지요. 이런 걸 대칭이라고 해요. 원에는 대칭이 되는 선이 무한히 많아요. 그러나 다각형들은 대칭이 되는 선이 몇 개에 불과하죠. 예를 들어, 직사각형, 정오각형은 다음 그림의 점선에 대해 대칭이지만 이러한 선이 무한히 많지는 않잖아요. 이런 의미에서 원을 완전한 도형이라고 해요.

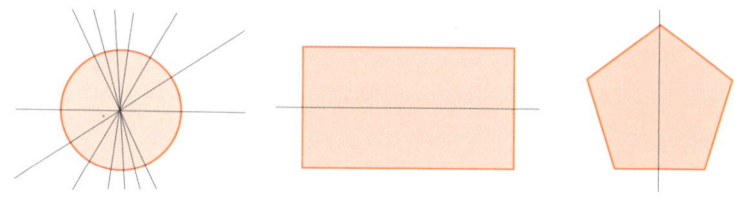

96쪽 | 정삼각형이 뭐예요?

정삼각형은 세 변의 길이가 모두 같은 삼각형, 이등변삼각형은 두 변의 길이가 같은 삼각형을 말해요.

103쪽 | 삼각형에는 어떤 것들이 있나요?

삼각형은 각의 크기에 따라 예각삼각형, 직각삼각형, 둔각삼각형으로 나눌 수 있어요. 예각에서 예는 예리하다, 날카롭다는 뜻이고, 둔각에서 둔은 둔하다, 무디다는 뜻이에요. 다음 그림을 보면 그 뜻을 충분히 알고도 남을 거예요.
예각삼각형은 세 각이 모두 90도보다 작은 삼각형, 직각삼각형은 한 각이 90도인 삼각형, 둔각삼각형은 한 각이 90도보다 큰 삼각형을 말해요. 삼각형의 세 각의 합은 180도이므로 둔각이 2개인 삼각형은 불가능해요.

118쪽 | 원주는 어떻게 구해요?

원에 이등변삼각형이 꽉 찬 모양을 상상해 보세요. 이등변삼각형을 점점 뾰족하게 할수록 밑변의 합은 점점 더 원주에 가까워집니다. 이런 방법으로 원주는 지름에 원주율 값을 곱하면 구할 수 있다는 것을 알아내었습니다. 지름 길이가 5인 원둘레 길이는 5×3.14, 지름 길이가 10인 원둘레의 길이는 10×3.14…… 이렇게 말예요. 따라서 반지름 길이가 두 배이면 원둘레 길이도 두 배, 반지름 길이가 세 배면 원둘레 길이도 세 배가 된답니다(원주율은 3.141592…로 끝나지 않는 수인데, 간단히 3.14로 씁니다).

120쪽 | 삼각형으로 원을 만들 수 있다고요?

이등변삼각형에서 길이가 같은 두 변 사이의 각을 꼭지각, 꼭지각과 마주 보는 변(길이가 같은 두 변이 아닌 변)을 밑변이라고 해요. 원의 중심에 꼭지각이 30도인 똑같은 크기의 이등변삼각형을 12개 놓으면 원처럼 둥글게 보여요. 꼭지각이 15도인 똑같은 크기의 이등변삼각형을 24개 놓으면 우리 눈으로는 거의 원과 구분되지 않을 정도로 원처럼 보이죠. 이와 같이 꼭지각의 크기를 작게 하여 이등변삼각형의 개수를 늘려 나가면 삼각형으로 원을 만들 수 있다고 말해요.

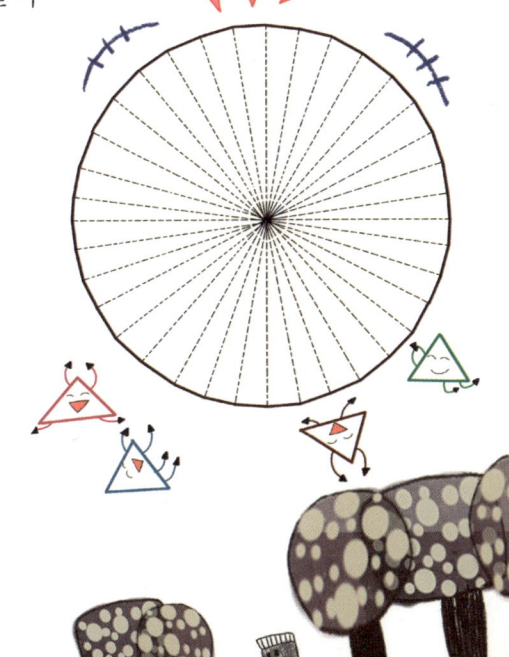

작가의 말

1

    한때 소설가를 꿈꿨었다. 그러나 수학이 끌어당기는 힘이 너무 셌던 탓일까. 정신을 차려 보니 수학을 전공하고 있었다. 수학을 전공하면서도 여전히 이과와 문과의 장벽 사이를 기웃거리며 살다가 이세가 생겼다. 책을 통해 호기심 많고 꿈 많은 아이로 키우고자 마음먹었는데 마땅히 읽힐 만한 수학 동화가 없었다.

    당시 출판되어 있는 수학 동화는 모험을 기반으로 한 이야기에 가끔씩 수학 문제가 발을 거는 형식이 대부분이었다. 수학 문제를 풀어야 문이 열리거나 비밀을 알게 되어 다음으로 진행되는 이야기였다. 하지만 이런 형태의 동화 말고 읽다 보면 저절로 수학적인 사고력이 키워지고, 이야기를 따라가다 보면 어느덧 수학에 푹 빠지게 되는 동화를 읽히고 싶었다. 나처럼 수학을 전공한 사람들이라면 몇 번씩이나 느꼈을 법한 아름다운 수학, 유용한 수학의 맛을 살짝이라도 경험할 수 있는 동화를 쓰고 싶었다. 내 아이들에게 진정한 수학 동화를 읽게 해 주고 싶었다.

이미 내 아이들은 다 커 버렸지만, 이 세상의 아이들에게 수학을 즐기게 하고 싶었고, 그러한 경험 속에서 용기 있는 아이, 호기심 있는 아이, 남과 함께 살아갈 줄 아는 아이의 모습을 보여 주고 싶었다. 이 동화는 이런 배경 속에서 십여 년의 세월을 지내며 세상에 나왔다.

2

원은 흔히 완전한 도형이라고 한다. 그 완전함은 '대칭성'에서 나온다. 원의 중심을 지나는 선에 대해서 원은 항상 대칭이 된다. 대칭이 되는 축이 무수히 많은 평면도형은 원뿐이다. 정삼각형은 중심을 지나는 모든 선에 대해서 대칭이 되지는 않는다. 정사각형도, 정오각형도 마찬가지로 대칭이 되는 축은 몇 개에 불과하다. 『원의비밀을 찾아라』에서는 이러한 원의 특징이 직접적으로 드러나지는 않지만 귀염동그라미, 구름위동그라미, 멋쟁이동그라미가 말하고자 하는 바를 읽어 낸다면 아이들은 저절로 원의 특징과 원의 '완전함'을 이해할 것이다.

사각형도 마찬가지이다. 『달려라 사각 바퀴야』에서는 사다리꼴, 평행사변형, 직사각형, 마름모, 정사각형으로 이어지는 각각의 사각형의 특징을 신분제 사회로 형상화하였다. 갖춰야 할 조건이 많아질수록 신분이 올라가는 것으로 설정하였는데, 정사각형 중 최고 지도자를 직각이등변삼각형 두 개가 합쳐진 것으로 하여 사각형에 대한 이해의 폭을 넓힘과 동시에 삼각형이 평면도형의 기본 도형임을 알도록 구성하였다.

3

두 권의 동화를 통해서 다각형과 원, 크게 두 종류의 평면도형의 특징을 이해하고 그 관계를 이해하는 안목이 키워졌으리라 믿는다. 한 걸음 더 나아가 도로를 바꾸면 사각형도 구를 수 있다는 것을 보여 줌으로써 아이들이 가지고 있는 사고의 벽을 깨고 창의적으로 생각을 발전시켜 나갈 수 있는 기회를 주고자 했다. 또한, 네모짱과의 인연을 뫼비우스 띠처럼 시작과 끝이 서로 통하게 하여 어느 사건이 먼저이고 어느 사건이 나중인지 아리송하게 만들었다. 살면서 얽히고설켜 앞뒤를 알 수 없는 일이, 인연이 얼마나 많은가. 이 책을 읽은 아이들이 한순간 한순간의 인연을 소중하게 여기고 진심을 다해 살아가기를 바라 마지않는다.

수학과 스토리가 완전 융합되어 있는 스토리텔링 수학의 정석!

원의 비밀을 찾아라
동화와 수학의 융합! 원의 비밀을 찾으려다가 원의 나라에 가게 된 수담이와 시내, 세모들과의 만남에서 원은 물론 도형의 비밀까지 알아낸다.

달려라 사각 바퀴야
동화와 수학의 융합! 사각형의 나라에서 사각형의 정의와 성질을 알게 되고 동그라미들까지 구하는 모험담.

도형 관련 초등수학 교과연계표

학년	학기	내용
초등 1학년	1-1	여러 가지 모양
	1-2	여러 가지 모양
초등 2학년	2-1	여러 가지 도형
초등 3학년	3-1	평면도형
	3-2	원
초등 4학년	4-1	각도
		평면도형의 이동
	4-2	삼각형
		수직과 평행
		사각형과 다각형
초등 5학년	5-1	평면도형의 넓이
	5-2	합동과 대칭
초등 6학년	6-1	원주율과 원의 넓이